Dr. Angela Verse-Herrmann
Dr. Dieter Herrmann

Der große Studienwahltest

So entscheide ich mich für das richtige Studienfach

Beruf & Karriere

STARK

Die Autoren

Dr. Angela Verse-Herrmann war mehrere Jahre Mitarbeiterin in der Zentralen Studienberatung der Universität Trier. Sie arbeitet als Autorin und Seminarleiterin zum Thema Studien- und Berufsplanung und als private Studienberaterin (siehe auch *www.bw-dienste.de*).

Dr. Dieter Herrmann war mehrere Jahre Studienberater für deutsche und ausländische Studierende an der Universität Bonn. Er ist Geschäftsführer einer Wissenschaftsorganisation.

Zahlreiche gemeinsame Veröffentlichungen, zuletzt: *Der große Berufswahltest* (2013), *1000 Wege nach dem Abitur* (2013), *Erfolgreich bewerben an Hochschulen* (2014), *Studieren, aber was?* (2014).

Coverbild: © mattjeacock / istockphoto

ISBN 978-3-8490-1448-3

www.berufundkarriere.de
1. Auflage 2015

Inhalt

Einleitung

Liebe Leserin, lieber Leser,

die Entscheidung für die Ausbildung und für den Beruf ist eine der wichtigsten im Leben. Von der richtigen oder falschen Weichenstellung werden berufliche Zufriedenheit, Karriere, Einkommen und sozialer Status entscheidend bestimmt.

Etwa 500 000 Personen erwerben jedes Jahr ihr Abitur, ihr Fachabitur oder ihre Fachhochschulreife und stehen dann vor der Entscheidung, was sie danach machen sollen. Berufliche Ausbildung oder Studium? Oder erst eine Berufsausbildung und anschließend ein Studium? Wenn Studium, besser an einer Universität oder einer Fachhochschule studieren? Und vor allem: Welches Fach oder welche Fächer sollten angestrebt werden?

Fragen über Fragen, die nicht so einfach zu beantworten sind, weil man viele Studienfächer nicht von der Schule her kennt und weil es nicht einfach ist, seine eigenen Interessen und Fähigkeiten richtig einzuschätzen. Hinzu kommt die Fülle des Angebotes: Über 400 Hochschulen bieten 180 Studienfächer mit unterschiedlichen Schwerpunkten und Kombinationsmöglichkeiten an.

Aus diesem Grund haben wir einen Studienwahltest entwickelt, der eine erste Orientierung ermöglicht. Er wird Ihnen anhand von verschiedenen Tests die Möglichkeit geben, aus Stärken und Schwächen in bestimmten Schulfächern Rückschlüsse auf mögliche Studienfächer zu ziehen. Durch Extratests werden Sie eine Einschätzung bekommen, ob Sie eher zu einer Lehre oder zu einem Studium tendieren und ob eine mehr theoretische Ausbildung an der Universität oder eine mehr anwendungsbezogene Ausbildung an einer Fachhochschule eher Ihren Voraussetzungen entspricht.

In den zwei zentralen Tests (Test 4 und 5) werden Sie zuerst Ihre Interessen für bestimmte Fächergruppen testen und anschließend Prioritäten für ein bestimmtes Fach ermitteln. Wenn Sie dann wissen, für welches konkrete Studienfach (bzw. für welche konkreten Studienfächer) Sie ein besonderes Interesse und somit gute Voraussetzungen haben, erhalten Sie abschließend noch einige Hinweise zur Vertiefung Ihres Testergebnisses, zum Erhalt des Studienplatzes und zur Ortswahl. Zum Schluss sehen Sie, wo Sie sich weitere Informationen über Ihr Wunschstudium besorgen können und wie Ihr Fahrplan ins Studium aussieht.

Der Studienwahltest, der nun in überarbeiteter und aktualisierter Auflage vorliegt und in den die neuen Entwicklungen im Studium und bei den Studienfächern seit der letzten Auflage umfassend eingearbeitet wurden, kann natürlich nicht Ihre persönlichen Entscheidungen ersetzen, sondern will helfen, diese richtig vorzubereiten.

Nach unseren langjährigen Erfahrungen als Studien- und Berufsberater ist es fast immer der richtige Weg, seine Überlegungen an den eigenen Interessen, Begabungen und Fähigkeiten auszurichten und nicht an vermeintlich guten Arbeitsmarktperspektiven, denn der Arbeitsmarkt ändert sich alle paar Jahre. Auf genau dieser Überzeugung basiert dieses Buch.

Noch eine wichtige Information: Sie sollten sich auf alle Fälle vor der abschließenden Studienentscheidung auch mit Personen unterhalten, die über das Studium fachkundig informieren können: die Berufsberater/-innen der Arbeitsagenturen und die Studienberater/-innen an den Hochschulen. Ebenso hilfreich ist das Gespräch mit Personen, die dieses Fach bereits studieren, studiert haben oder in dem Fach lehren. Sie alle können Ihnen noch wichtige und nützliche Informationen geben.

Viel Spaß bei den Tests und bei der Lektüre des Buches und viel Erfolg bei der Suche nach dem richtigen Studienfach!

Über Rückmeldungen freuen wir uns! E-Mail: *angela.verse@t-online.de*

Nackenheim, im September 2015 *Angela Verse-Herrmann*
Dieter Herrmann

Erläuterungen zu den Tests

Der *Studienwahltest* besteht aus verschiedenen Teilen und führt von allgemeinen zu speziellen Entscheidungen. Zuerst einmal soll eine Einschätzung vorgenommen werden, ob Sie aufgrund Ihrer persönlichen Interessen eher zu einer Lehre oder zu einem Studium neigen. Der zweite Test versucht, wiederum anhand von persönlichen Überlegungen, zu ermitteln, ob Sie bessere Voraussetzungen für ein Universitäts- oder für ein Fachhochschulstudium haben. Anschließend erfolgt eine erste Orientierung – anhand von Vorlieben und Abneigungen gegenüber den Schulfächern – für bestimmte Studienrichtungen.

Der Haupttest besteht wiederum aus zwei Testgruppen. In der ersten Testgruppe geben Sie Antworten auf insgesamt 120 Fragen. Die Beantwortung aller Fragen ermöglicht Ihnen eine Einschätzung, welche Fächergruppe auf keinen Fall infrage kommt, welche eher nicht infrage kommen dürfte und für welche Sie offensichtlich das größte Interesse mitbringen.

Die zweite Testgruppe führt Sie nun zu den konkreten Studienfächern. Hierfür sind, je nach Größe der Fächergruppe, zwischen einem und zwei Dutzend Fragen zu beantworten, ehe Sie dann genauer in Erfahrung bringen werden, welches Fach für Sie das richtige ist oder welche Fächer am ehesten infrage kommen.

Die Tests sollten zügig, aber gründlich bearbeitet werden. Für alle Einzeltests zusammen sollten Sie etwa zwei bis zweieinhalb Stunden intensiver Bearbeitung einkalkulieren. Bei den jeweiligen Tests ist dann vermerkt, wie viel Zeit Sie sich in etwa nehmen sollen. Dabei handelt es sich eher um Werte, die Sie zeitlich nicht unterschreiten sollten. Ein Mehr an Zeit ist durchaus sinnvoll, allerdings sollten Sie nach Möglichkeit nicht mehr als doppelt so viel Zeit verwenden als jeweils vermerkt.

Die Bearbeitung der Tests ist vielleicht mit einiger Anstrengung und gedanklicher Mühe verbunden. Dafür winkt Ihnen aber als Lohn die Orientierung für das richtige Studium.

Test 1
Berufliche Ausbildung oder Studium?

Ausbildungsmöglichkeiten nach dem Abitur oder der Fachhochschulreife

Entscheiden kann man sich nur dann richtig, wenn einem alle Optionen bekannt sind. Aber nur wenige Abiturienten wissen um all ihre Möglichkeiten. Die meisten glauben, mit dem Abitur könne man entweder eine Lehre machen oder studieren. Es gibt aber erheblich mehr interessante Alternativen.

Welche Ausbildungsmöglichkeiten gibt es überhaupt nach dem Abitur oder der Fachhochschulreife?

Nach dem Abitur:

Studium	**Dauer in Jahren durchschnittlich**
• an Universitäten	5–7
Ausnahme: wenn nur Bachelorstudium	3–3,5
• an Technischen Universitäten	5–7
Ausnahme: wenn nur Bachelorstudium	3–3,5
• an Kunst-, Sport-, Musikhochschulen	5–7
Ausnahme: wenn nur Bachelorstudium	3,5–4
• an Fachhochschulen	5–6
Ausnahme: wenn nur Bachelorstudium	3,5–4

Berufliche Ausbildung	**Dauer in Jahren durchschnittlich**
• in einem anerkannten Ausbildungsberuf	2–3,5
• durch Sonderausbildungsgänge der Wirtschaft	2–3
• an einer Berufsakademie	3
• im öffentlichen Dienst (gehobener Dienst)	3

Die Fachhochschulreife bietet folgende Möglichkeiten:

Studium	**Dauer in Jahren durchschnittlich**
• an Fachhochschulen (zusätzlich Praktikum)	5–6
Ausnahme: wenn nur Bachelorstudium	3,5–4
• an Kunst- und Musikhochschulen (nach Eignungsprüfung)	5–7
Ausnahme: wenn nur Bachelorstudium	3,5–4

Berufliche Ausbildung	**Dauer in Jahren durchschnittlich**
• in einem anerkannten Ausbildungsberuf	2–3,5
• durch Sonderausbildungsgänge der Wirtschaft (nur eingeschränkt möglich)	2–3
• an einer Berufsakademie (nur eingeschränkt möglich)	3
• im öffentlichen Dienst (gehobener Dienst)	3

Berufliche Ausbildung

Begehrt sind bei Schülern mit Abitur oder Fachhochschulreife kaufmännische Ausbildungen in Banken und Versicherungen, Ausbildungen im Bereich der Informatik und der Medien sowie in sozialen und einigen handwerklichen Berufen.

Die Ausbildung wird nach dem sogenannten dualen System durchgeführt, das heißt, die praktische Ausbildung im Betrieb wechselt mit theoretischem Unterricht in der Berufsschule. Das Verhältnis Praxis / Theorie beträgt etwa drei Viertel zu einem Viertel. Die meisten Ausbildungen sind auf drei Jahre angelegt. Eine wichtige Information für Abiturienten: Für sie besteht die Möglichkeit einer Verkürzung auf zwei bis zweieinhalb Jahre, wenn die Leistungen im Betrieb und in der Berufsschule konstant gut sind und wenn der Ausbildungsbetrieb damit einverstanden ist. Die Ausbildung endet mit einer Prüfung vor der Industrie- und Handelskammer (IHK) oder vor der Handwerkskammer (HwK).

Weitere Informationen zu den Ausbildungsberufen erhält man bei der Berufsberatung der Agentur für Arbeit, bei Betrieben, die Ausbildungsplätze anbieten, und in Ratgebern über Ausbildungsberufe. Die Ausbildungsstellen werden entweder in Lehrstellenbörsen im Internet oder auf den Websites der Unternehmen ausgeschrieben, von der jeweiligen Arbeitsagentur vermittelt, oder man wird über eine Annonce in der Tageszeitung fündig. Es ist auch sinnvoll, Betriebe, an denen man Interesse hat, direkt anzuschreiben oder anzurufen und nachzufragen, ob sie für das nächste Jahr Ausbildungsplätze anbieten.

Sonderausbildungsgänge der Wirtschaft

Es gibt in Deutschland über 3000 Betriebe, die jährlich mehrere Tausend Ausbildungsplätze speziell für Abiturienten oder (weniger häufig) für Bewerber mit Fachhochschulreife anbieten. Es handelt sich also auch um eine Ausbildung nach dem dualen System: Im Gegensatz jedoch zur klassischen Lehre ist der theoretische Anteil höher und beträgt etwa ein Drittel. Außerdem werden spezielle Klassen in der Berufsschule für diese Sonderausbildungsgänge besucht. Nach etwa zwei Jahren wird ein anerkannter Ausbildungsberuf abgeschlossen. Daran schließt sich ein drittes Jahr als Fortbildungsphase an, die mit einer weiteren Kammerprüfung abgeschlossen werden kann. Nach erfolgreicher Prüfung lassen sich die Absolventen zuweilen an der Bezeichnung Assistent/Assistentin erkennen (etwa Handelsassistent/-in).

Unter Sonderausbildungen fallen auch Ausbildungen, bei denen in oder nach einer Lehre besondere Fremdsprachen- oder Computerkenntnisse erworben werden sowie weitere theoretische Inhalte, die nicht zur Ausbildungsordnung des Lehrberufs gehören. Auch Auslandsaufenthalte können Bestandteil von Sonderausbildungen sein. Über diese Qualifikationen stellen Kammern und Betriebe dann eigene Zertifikate aus.

Informationen über Unternehmen, die diese Ausbildungen anbieten, sind bei allen Arbeitsagenturen und Industrie- und Handelskammern erhältlich und können auch unter *www.ausbildungplus.de* (Rubrik »Zusatzqualifikationen«) recherchiert werden. Großunternehmen stellen auch auf ihrer Homepage die Sonderausbildungen vor (Rubrik »Jobs & Karriere« oder »Ausbildung«).

Berufs- und Wirtschaftsakademien

Bei vielen Abiturienten eine sehr gefragte Alternative zum Studium ist die Ausbildung an einer Berufsakademie (auch Wirtschaftsakademie genannt). Berufsakademien gibt es derzeit in Berlin, Brandenburg, Hamburg, Hessen, Niedersachsen, im Saarland, in Sachsen, Schleswig-Holstein und Thüringen. Die Ausbildungsregelungen und die angebotenen Fächer variieren von Standort zu Standort. Die Fächer umfassen den technischen Bereich (etwa Elektrotechnik / Automatisierungstechnik, Maschinenbau, Medizintechnik, Versorgungs- und Umwelttechnik u. Ä.), den Bereich Wirtschaft (Bankwirtschaft, Immobilienwirtschaft, Tourismuswirtschaft, Versicherungswirtschaft u. Ä.), Wirtschaftsinformatik und an einigen Berufsakademien Sozialwesen. Während der dreijährigen Ausbildung stehen die Auszubildenden in einem vertraglichen Ausbildungsverhältnis mit einem Betrieb (an den folglich auch die Bewerbung zu richten ist) oder mit einer Sozialeinrichtung.

Statt des früher üblichen Diploms (BA) oder Diploms (WA) vergeben die meisten Berufsakademien mittlerweile den Abschluss Bachelor.

Ein Sonderfall ist Baden-Württemberg, das Bundesland, in dem das Berufsakademie-Modell in den 70er-Jahren entwickelt wurde: Es hat seinen acht Berufsakademien 2009 den Hochschulstatus zuerkannt und sie in der Dualen Hochschule Baden-Württemberg zusammengefasst. Siehe hierzu unter *www.dhbw.de*. Mit dem Bachelorabschluss der Dualen Hochschule Baden-Württemberg erhalten die Absolventen somit einen akademischen Grad, der ihnen das Weiterstudium an in- und ausländischen Hochschulen ermöglicht.

Hinter den Berufsakademien stehen in der Regel große Unternehmen, die sich auf diese Art und Weise ihren betrieblichen Führungsnachwuchs heranbilden. Der Betrieb oder die Sozialeinrichtung zahlt eine Ausbildungsvergütung. Wichtig: In Bundesländern ohne eigene Berufsakademien gibt es eine Vielzahl von Unternehmen, die trotzdem eine Berufsakademie-Ausbildung anbieten. Die Unternehmen bilden die ausgewählten Bewerber vor Ort im Betrieb aus und schicken sie dann zur theoretischen Ausbildung auf eine Berufsakademie in ein anderes Bundesland.

Informationen zu Ausbildungen an einer Berufsakademie geben u. a. die Arbeitsagenturen. Bei der Internetrecherche sollte vor allem mit den Datenbanken unter *www.ausbildungplus.de* und unter *www.studienwahl.de* (bei der Datenbank »FINDER« unter »STUDIEREN« im Scroll-Menü unter »Hochschultyp« angeben: »Berufsakademien« oder »Duale Hochschule«) gearbeitet werden. Großunternehmen haben ihre Berufsakademie-Ausbildungsangebote auf ihrer Homepage eingestellt (siehe auf der jeweiligen Unternehmens-Homepage unter »Jobs und Karriere« oder »Ausbildung«).

Diplom-Verwaltungswirt/-in

Auch der Staat bietet besondere Ausbildungen für Abiturienten und für Personen mit Fachhochschulreife an, die sogenannte gehobene Laufbahn. Die Ausbildung dauert drei Jahre und ist eingeteilt in praktische Berufsausbildung in der Behörde und Theorieunterricht. Bei der gehobenen Laufbahn wird anstelle des regelmäßigen Theorieunterrichts ein eineinhalbjähriges fachbezogenes Studium an einer Fachhochschule (des Bundes oder eines Bundeslandes) für öffentliche Verwaltung (FHöV) absolviert. Wie bei der Ausbildung an einer Berufsakademie erhalten die Auszubildenden während der gesamten Zeit eine Ausbildungsvergütung. Am Ende der Ausbildung stehen ein staatliches Zeugnis und ein Diplom zum Diplom-Verwaltungswirt oder ein Bachelorabschluss.

Die meisten Ausbildungen im Staatsdienst sind Verwaltungsausbildungen, die dazu qualifizieren, später als Sachbearbeiter/-in in der Behörde (mit entsprechenden Aufstiegsmöglichkeiten bei Leistung) zu arbeiten. Man spricht deshalb auch vom nichttechnischen Dienst. Darüber hinaus gibt es – allerdings etwas seltener – auch einige technische Ausbildungen. Ansonsten aber wird für Schreibtischtätigkeiten ausgebildet.

Berufsfachschulen

Für einige Berufe gibt es keine betriebliche Ausbildung, keine Sonderausbildung und auch kein Studienfach. Für solche Berufe wird an Berufsfachschulen ausgebildet. Hierzu gehören vor allem verschiedene Assistentenberufe im Gesundheitswesen, einige Fremdsprachenberufe, die meisten therapeutischen Berufe und diverse Schönheitsberufe.

Eine Besonderheit an Berufsfachschulen sind die klassischen medizinischen Berufe wie Krankenschwester/Krankenpfleger (jetzt »Gesundheits- und Krankenpfleger/-in«), Kinderkrankenschwester/Kinderkrankenpfleger (»Gesundheits- und Kinderkrankenpfleger/-in«), Hebamme usw. Diese Berufsfachschulen sind an ein Krankenhaus oder eine Klinik angegliedert.

An Berufsfachschulen gibt es etwa folgende Ausbildungsmöglichkeiten: Altenpfleger / -in, Chemisch-technische / -r Assistent / -in, Ergotherapeut / -in, Europasekretär / -in, Fremdsprachenkorrespondent / -in, Gesundheits- und Krankenpfleger / -in, Gesundheits- und Kinderkrankenpfleger / -in, Industrietechnologe / -technologin Automatisierungstechnik, Datentechnik oder Maschinenbau / Energietechnik, Logopäde / Logopädin, Medizinische / -r Dokumentar / -in und Medizinische / -r Dokumentationsassistent /-in, Medizinisch-technische / -r Laboratoriumsassistent / -in, Medizinisch-technische / -r Radiologieassistent / -in, Medizinisch-technische / -r Assistent / -in für Funktionsdiagnostik, Präparationstechnische / -r Assistent / -in, Pharmazeutisch-technische / -r Assistent / -in, Physiotherapeut / -in, Veterinärmedizinischtechnische / -r Assistent / -in.

Weitere Informationen zu Berufsfachschulen sind bei den Berufsinformationszentren der Arbeitsagentur erhältlich und unter *www.berufenet.arbeitsagentur.de.* In dieser Datenbank werden Lehr- und Berufsfachschulberufe sehr gut vorgestellt und die jeweiligen Schulen für einen Beruf mit aufgelistet (Beruf eingeben, »Stellen- und Bewerberbörsen« im Menü anwählen und dem Link zur Datenbank KURSNET folgen).

Kombiausbildungen – das duale Studium an Fachhochschulen und (seltener) an Universitäten

Die Kombination von Theorie und Praxis ist bei Ausbildungen für Abiturienten im Vormarsch. Seit Jahren ist eine Tendenz zu erkennen, Ausbildung und Studium noch mehr zu verzahnen. Große Industrieunternehmen, Banken und Versicherungen verfügen mittlerweile über eigene kleine Hochschulen, die auch der Ausbildung von besonders geeigneten qualifizierten Auszubildenden dienen. Die meisten großen Banken verfügen über solche »Hochschulen«, häufig Akademie genannt, an denen nach einer Banklehre ein Diplom oder ein vergleichbarer Abschluss angestrebt werden kann oder an denen diese Ausbildungen parallel laufen.

Eine Reihe von Unternehmen geht ähnliche Wege. Sie arbeiten mit Fachhochschulen und Universitäten (eher noch selten) zusammen und bieten kombinierte Ausbildungs- und Studiengänge an. Solche Kombiausbildungen, auch duale Studiengänge genannt, umfassen vor allem die Bereiche Wirtschaft (etwa Betriebswirtschaft, International Business), Technik (Bauingenieurwesen, Elektrotechnik, Maschinenbau, Mechatronik, Energie- und Versorgungstechnik, Produktionstechnik), Informatik sowie Wirtschaftsinformatik und Wirtschaftsingenieurwesen.

Beispielsweise wird eine Ausbildung als Bankkaufmann verbunden mit einem Studium der Betriebswirtschaft, eine Ausbildung als Industriemechaniker verbunden mit einem Studium Maschinenbau oder eine Ausbildung als Informatikkaufmann mit einem Studium Informatik. Noch recht neu ist die Einbeziehung von Studiengängen aus dem Gesundheitsbereich: So kann etwa eine Berufsfachschulausbildung Physiotherapie oder Logopädie bzw. eine Ausbildung als Gesundheits- und Krankenpfleger/-in mit einem FH-Studium verbunden werden.

Derzeit gibt es etwa 700 solcher dualer Studiengänge. Gute Recherchemöglichkeiten bieten die Datenbanken unter *www.ausbildungplus.de* und unter *www.studienwahl.de* (bei der Datenbank »FINDER« im Scroll-Menü unter »Studienform« angeben: »Dual: Ausbildungsintegriert (Studium + Lehre)«).

Kommen wir jetzt zum eigentlichen Test. Er besteht aus insgesamt 20 Fragen. Sie müssen sich jeweils zwischen zwei Antworten entscheiden.

Für die Bearbeitung sollten Sie maximal 25 Minuten benötigen. Wichtig ist, dass Sie sich immer für eine Möglichkeit entscheiden. Falls Sie unsicher sind, ob Sie A oder B ankreuzen sollen, nehmen Sie bitte die Antwort, die Ihrer Einstellung am nächsten kommt.

Der Test basiert auf der richtigen Selbsteinschätzung und bietet vor allem eine Orientierung, nicht weniger, aber auch nicht mehr. Notieren Sie sich anschließend das Ergebnis auf Seite 18.

1. Frage

A. Ich fühle mich eher zur Theorie als zur Praxis hingezogen.

B. Praktisches Arbeiten ziehe ich der Theorie jederzeit vor.

2. Frage

A. Die meisten Dinge erledige ich, ohne dass mich jemand dazu auffordern muss.

B. Ich brauche schon einen gewissen Druck von außen, um Dinge zu erledigen.

3. Frage

A. Ich möchte nach der Schule schnell finanziell unabhängig werden.

B. Geld kann ich auch später noch verdienen.

4. Frage

A. Es macht mir Spaß, Dinge ohne Anleitung zu erarbeiten.

B. Mir ist es lieber, wenn mir jemand dabei hilft zu verstehen, wie etwas geht.

5. Frage

A. Eine Ausbildung ohne ein Hochschulexamen ist mir persönlich zu wenig.

B. Nicht auf den Titel kommt es an, sondern auf eine gute Berufsausbildung.

6. Frage

A. Meine künftige Ausbildung sollte mehr sein als eine reine Berufsausbildung.

B. Ich möchte primär das, was ich für den späteren Beruf brauche, erlernen.

7. Frage

A. Wenn ich eine Aufgabe lösen muss, verlasse ich mich lieber auf mich selbst.

B. Ich lasse mir lieber erklären, wie ich an eine Aufgabe herangehen soll, bevor ich etwas falsch mache.

8. Frage

A. Karriere ist mir ziemlich wichtig.

B. Zufriedenheit im Beruf ist mir wichtiger als Karriere und Stress.

9. Frage

A. Mich faszinieren Aufgaben, die theoretische Arbeit erfordern.

B. Grau ist alle Theorie.

10. Frage

A. Ich könnte mir vorstellen, mich mit wissenschaftlichen Themen zu beschäftigen.

B. Wissenschaftliche Themen finde ich wenig interessant.

11. Frage

A. Einen Bericht oder ein Referat zu schreiben, macht mir Spaß.

B. Berichte oder Referate zu schreiben, macht mir eher keinen Spaß.

12. Frage

A. Wenn ich etwas nicht verstanden habe, lasse ich es mir noch einmal erklären.

B. Ich setze mich so lange selber mit etwas auseinander, bis ich es verstanden habe.

13. Frage

A. Ich schätze mich eher als jemanden ein, der an vielen Dingen Interesse hat.

B. Ich konzentriere mich eher auf einige wenige Bereiche, die mich interessieren.

14. Frage

A. Ich bin der Meinung, dass man sein Wissen ständig erweitern muss.

B. Nichts gegen viel Wissen, aber man kann es auch übertreiben.

15. Frage

A. Ich möchte so viel wie möglich lernen und wissen.

B. Es kommt nicht auf die Menge an, sondern darauf, was für den Beruf wichtig ist.

16. Frage

A. Ich lerne am besten unter guter Anleitung.

B. Ich lerne am besten alleine oder in einer kleinen Gruppe.

17. Frage

A. Während der Ausbildung will ich geregelte Arbeitszeiten und am Wochenende frei.

B. Ich habe auch kein Problem mit ungeregelten Zeiten.

18. Frage

A. Um etwas richtig zu verstehen, muss man viel nachdenken.

B. Wichtiger als viel nachdenken ist, dass man die Sache im Griff hat.

19. Frage

A. Gerne baue ich eine Maschine nach Plan zusammen.

B. Lieber konstruiere ich eine Maschine selbst.

20. Frage

A. Ich eigne mir gerne Wissen aus Büchern an.

B. Wissen kann man sich besser auf praktische Art aneignen.

Berechnung

Bitte notieren Sie die Punkte anhand Ihrer angekreuzten Kästchen und zählen Sie sie anschließend zusammen.

Frage	A	B	Frage	A	B
1.	1	3	**11.**	1	2
2.	1	2	**12.**	3	1
3.	3	2	**13.**	1	2
4.	1	3	**14.**	2	3
5.	2	3	**15.**	1	3
6.	1	2	**16.**	3	2
7.	1	3	**17.**	3	2
8.	1	2	**18.**	1	3
9.	1	3	**19.**	2	1
10.	1	3	**20.**	1	3

Gesamtpunktzahl: 25

Nachdem Sie die Auswertung vorgenommen haben, notieren Sie bitte das Ergebnis zusätzlich auf Seite 114.

Auswertung: Berufliche Ausbildung oder Studium?

50 und mehr Punkte

Sie sind in allererster Linie an einer sehr schnellen Ausbildung und an einem baldigen Berufseinstieg interessiert. Die Vorstellung von einem langen Studium, finanzieller Abhängigkeit und unsicheren Arbeitsmarktperspektiven erschreckt Sie. Ihre Antworten lassen darauf schließen, dass Sie ohne großen Aufwand Ihr Abitur geschafft haben oder schaffen werden oder dass Sie (vorerst) genug haben von Schule und Lernen. Sie halten nicht viel von Theorie und mühsamem Pauken im Studium oder davon, viel zu lesen und zu schreiben, und von Dingen, die aus Ihrer Sicht nicht wichtig sind. Lassen Sie auf alle Fälle erst einmal die Finger von einem Studium und konzentrieren Sie sich auf eine berufliche Ausbildung. Eine Lehre bietet Ihnen die Möglichkeit, in zwei bis zweieinhalb Jahren einen berufsqualifizierenden Abschluss zu erlangen und in den Beruf einzusteigen. Sollten Sie später noch einmal Lust auf ein Studium bekommen, steht Ihnen dieser Weg jederzeit offen. Bei der Wahl der richtigen Ausbildung sollten Sie besonderen Wert darauf legen, dass sie mit Ihren Vorstellungen und Schlüsselqualifikationen übereinstimmt, sonst werden Sie schnell frustriert und brechen die Ausbildung möglicherweise ab.

Weiteres Vorgehen: Nutzen Sie die Beratungsmöglichkeiten der Arbeitsagentur und die Berufsbeschreibungen von Ausbildungsberufen unter *www.berufenet.arbeitsagentur.de*. Informieren Sie sich auch noch näher über die Sonderausbildungsgänge für Abiturienten, über die Ausbildungsmöglichkeiten im öffentlichen Dienst und über Ausbildungen an Berufsfachschulen (siehe Seite 12 ff.).

45 – 49 Punkte

Sie sind an einer schnellen Ausbildung und an einem schnellen Berufseinstieg interessiert. Die Vorstellung von einem langen Studium, finanzieller Abhängigkeit und unsicherer Arbeitsmarktentwicklung ist für Sie keine Perspektive. Ihre Antworten lassen darauf schließen, dass Sie (vorerst) genug haben von Schule und Lernen. Sie halten wenig von Theorie und mühsamem Pauken im Studium oder davon, viel zu lesen und Dinge zu lernen, die aus Ihrer Sicht nicht so wichtig sind. Lassen Sie auf alle Fälle erst einmal die Finger von einem Studium und konzentrieren Sie sich auf eine berufliche Ausbildung. Eine Lehre bietet Ihnen die Möglichkeit, in zwei bis zweieinhalb Jahren einen berufsqualifizierenden Abschluss zu erlangen und in den Beruf einzusteigen. Sollten Sie irgendwann noch einmal Lust auf ein Studium bekommen, steht Ihnen dieser Weg mit dem Abitur jederzeit offen. Bei der Wahl der richtigen Ausbildung sollten Sie Wert darauf legen, dass sie mit Ihren Vorstellungen und Schlüsselqualifikationen übereinstimmt.

Weiteres Vorgehen: Nutzen Sie die Beratungsmöglichkeiten der Arbeitsagentur und die Berufsbeschreibungen von Ausbildungsberufen unter *www.berufenet.arbeitsagentur.de*. Informieren Sie sich auch noch näher über die Sonderausbildungsgänge für Abiturienten, über die Angebote der Berufs- und Wirtschaftsakademien, über die Ausbildungsmöglichkeiten im öffentlichen Dienst und über Ausbildungen an Berufsfachschulen (siehe Seite 12 ff.).

40 – 44 Punkte

Ihr Interesse ist eher auf eine zügige Ausbildung und auf einen Beruf ausgerichtet, der Ihren Vorstellungen entspricht. Aus diesem Grund tendieren Ihre Überlegungen in Richtung einer Berufsausbildung oder sollten in diese Richtung gehen. Für Sie könnten auch ein Sonderausbildungsgang der Wirtschaft oder eine Ausbildung des öffentlichen Dienstes ggf. auch das Angebot der Berufsakademien und ein dualer Studiengang an der Dualen Hochschule Baden-Württemberg oder einer Fachhochschule von Interesse sein. Ob Sie wirklich ein Studium direkt nach dem Abitur beginnen wollen, sollten Sie sich gut überlegen. Ihre Antworten, vor allem zu den zentralen Fragen Ausbildungsdauer, Berufsorientierung, Wissenschaft, Theorie usw., lassen darauf schließen, dass Sie eher an einer Berufsausbildung interessiert sind.

Für Ihr weiteres Vorgehen informieren Sie sich über die betrieblichen Ausbildungsberufe unter *www.berufenet.arbeitsagentur.de* und über die dualen Ausbildungsmöglichkeiten unter *www.ausbildungplus.de*. Nutzen Sie die Beratungsmöglichkeiten der Arbeitsagentur. Lesen Sie noch einmal die Ausführungen auf den Seiten 10 bis 15 und studieren Sie gründlich die übernächste Seite. Nachdem Sie den Test »Universitäts- oder Fachhochschulstudium?« gemacht haben, sehen Sie sich auch die Ausführungen über das Fachhochschulstudium und seine Vorteile direkt im Anschluss an den Test 2 an (siehe Seite 30).

35 – 39 Punkte

Ihre Entscheidung wird recht schwierig, weil Sie sowohl an einem Studium als auch an einer beruflichen Ausbildung interessiert sind. Falls Sie sich die Entscheidung erleichtern möchten, wählen Sie den dritten Weg, erst eine Berufsausbildung und dann ein Studium. Dies wird mittlerweile von mehr als einem Drittel aller Abiturienten so gemacht. Allerdings sollten Sie dabei die Zeit nicht aus den Augen verlieren und nach der Lehre das Studium ohne jede Verzögerung durchziehen.

Dieses System bietet viele Vorteile: Man ist reifer, wenn man mit dem Studium beginnt, findet leichter einen Ferienjob oder einen Job neben dem Studium, studiert normalerweise zielstrebiger und ist auch für Arbeitgeber wegen der Doppelqualifikation attraktiver. Doch Vorsicht: Die Lehre sollte in einem inhaltlichen Verhältnis zum Studium stehen. Außerdem sollte man Interesse an der Ausbildung haben. Eine Berufsausbildung nur zu machen, um irgendeinen Berufsabschluss zu erwerben, ist wenig sinnvoll.

Sie sollten evtl. auch ein Studium in Erwägung ziehen und den nächsten Test, bei dem es um die Beantwortung der Frage »Universitäts- oder Fachhochschulstudium?«

geht, gründlich bearbeiten. Sicher ist es auch hilfreich, wenn Sie sich einmal eine Universität und eine Fachhochschule und die Unterschiede vor Ort ansehen.

30–34 Punkte
Sie scheinen ein/-e geeignete/-r Kandidat/-in für ein Studium zu sein. Weder die Theorie im Studium noch die lange Studiendauer, die finanzielle Abhängigkeit, die unsichere Arbeitsmarktlage, überfüllte Hörsäle und lange Reihen von noch zu lesenden Büchern schrecken Sie ab. Ganz im Gegenteil: Wenn Ihre Einschätzung stimmt, verfügen Sie auch über all die anderen Voraussetzungen, die man für ein Studium braucht, wie Fleiß, weitgehend selbstständiges Arbeiten, Bereitschaft, auch mal abends oder am Wochenende zu arbeiten, die Fähigkeit zu logischem Denken, Interesse an wissenschaftlichen Fragen und vieles mehr.

Ob ein Universitätsstudium oder ein Fachhochschulstudium Ihren Interessen eher entspricht, erfahren Sie im nächsten Test.

Weniger als 30 Punkte
Mit Ihren Vorstellungen scheinen Sie der ideale Kandidat/die ideale Kandidatin für ein Studium zu sein. Weder die Theorie im Studium noch die gegenüber einer Berufsausbildung längere Dauer, weder die finanzielle Abhängigkeit noch die unsichere Lage auf dem Arbeitsmarkt oder überfüllte Hörsäle und lange Reihen von noch zu lesenden Büchern können Sie abschrecken. Wenn Ihre Einschätzung stimmt, verfügen Sie auch über all die anderen Voraussetzungen, die man für ein Studium braucht, wie Fleiß, selbstständiges Arbeiten, Bereitschaft, auch mal abends oder am Wochenende zu arbeiten, die Fähigkeit zu logischem Denken, Interesse an Wissenschaft und vieles mehr. Sie sollten an einer Universität studieren und dies bald und ohne Umwege. Bearbeiten Sie vorher aber noch den nächsten Test, um zu prüfen, ob auch dabei eine klare Präferenz für ein Universitätsstudium besteht.

Kleiner Nachtest

Wenn Sie sich jetzt noch immer nicht sicher sind, ob Sie mit einem Studium oder einer beruflichen Ausbildung beginnen möchten, sollten Sie sich die Argumente für und gegen ein Hochschulstudium vor Augen führen.

Nachteile des Studiums:

- Es ist länger als eine berufliche Ausbildung und dauert knapp drei bis vier Jahre (Bachelorstudium) oder fünf bis sieben Jahre (Bachelor- plus Masterstudium bzw. Staatsexamensstudium).
- Daraus folgt, dass man frühestens Mitte zwanzig, manchmal erst Ende zwanzig (etwa mit zweijährigem Referendariat für das Lehramt oder für Rechtswissenschaft oder mit Doktorarbeit), in den Beruf eintritt.
- Eigenes Geld verdient man erst einige Jahre später als bei den übrigen Ausbildungen.
- Die meisten Studienfächer bieten keine Garantie, später eine gut bezahlte, leitende Tätigkeit zu finden.
- Viele Studienfächer sind stark theoriebezogen und bereiten nicht auf eine konkrete Berufstätigkeit vor.
- Das Risiko, nach vielen Jahren Studium ohne Examen dazustehen, ist groß. Etwa 25 bis 30 Prozent schaffen ihren Studienabschluss nicht oder brechen das Studium (aus verschiedenen Gründen) ab.

Dagegen stehen die Argumente, die für ein Studium sprechen:

- Durch die lange Ausbildung erwirbt man eine hohe Allgemeinbildung und vielfältige berufliche Qualifikationen.
- Akademiker brauchen (zumindest statistisch) Arbeitslosigkeit etwas weniger zu fürchten als Nichtakademiker.
- Akademiker verdienen durchschnittlich mehr als Nichtakademiker.
- Hochschulabsolventen haben bessere Aufstiegsmöglichkeiten.
- Für immer mehr berufliche Tätigkeiten, die früher von Nichtakademikern ausgeübt wurden, wird mittlerweile oder in der Zukunft ein Hochschulstudium erwartet.
- Akademische Titel, z. B. ein Staatsexamen oder der Doktortitel, haben im gesellschaftlichen Ansehen immer noch einen hohen Stellenwert.
- Das Studium bietet die Möglichkeit, die Ausbildung frei von einer Reihe von Zwängen selbst zu gestalten.

Es gibt also offenbar ebenso gute Gründe für wie gegen ein Hochschulstudium. Betrachten wir diese Pro- und Kontra-Argumente aber noch einmal genauer, fällt auf, dass es keine objektiven, sondern subjektive Gründe sind, die letzten Endes für oder gegen ein Hochschulstudium sprechen: Für den einen ist ein Argument absolut vorrangig, für den anderen vielleicht völlig uninteressant. Hier werden also Fragen der persönlichen Vorstellungen und Ziele angesprochen.

Dabei sollte man folgende Überlegungen mit einbeziehen:

- Bin ich eher für eine theoretische oder für eine praktische Ausbildung geeignet?
- Möchte ich eine schnelle Ausbildung, in Kürze eigenes Geld verdienen und möglichst früh finanziell unabhängig sein?
- Oder bin ich bereit, auch eine längere Ausbildung mit unsicherem Ausgang zu durchlaufen, die mich noch eine Reihe von Jahren finanziell abhängig macht und bei der ich unter Umständen erst in sechs oder sieben Jahren Geld verdiene?
- Welchen Stellenwert hat für mich der berufliche Aufstieg mit all seinen Vorteilen (hohes Einkommen, Sozialprestige) und Nachteilen (lange Arbeitszeiten, hohe Verantwortung, weniger Freizeit als andere)?
- Was bedeuten für mich akademische Titel? Oder sind sie mir nicht wichtig?
- Wie stelle ich mir meine weitere Lebensplanung (z. B. Heirat, Familie) vor? Diese sind mit einer Berufsausbildung schneller als mit einem Studium zu realisieren.

Test 2
Universitäts- oder Fachhochschulstudium?

Es gibt viele Studienfächer, die man sowohl an Fachhochschulen als auch an Universitäten studieren kann. Von den Abiturienten, die ein Studium wählen, entscheiden sich etwa 68 Prozent für ein Universitätsstudium (oder ein vergleichbares wissenschaftliches Studium) und 32 Prozent für ein Studium an der Fachhochschule.

Deshalb ist es sinnvoll, sich zu überlegen, ob Sie sich …

- eher für ein Studium an einer wissenschaftlichen Hochschule oder
- an einer Fachhochschule eignen.

Der folgende Test besteht aus insgesamt 20 Fragen. Es stehen immer zwei Antworten zur Auswahl. Bitte kreuzen Sie deshalb immer nur eine Antwort an. Falls Sie unsicher sind, ob Sie A oder B ankreuzen sollen, nehmen Sie bitte die Antwort, die Ihrer Einstellung am nächsten kommt.

Für die Bearbeitung sollten Sie etwa 10 Minuten benötigen.

1. Frage

A. Ich würde lieber etwas Neues erfinden. ▢

B. Ich würde lieber etwas Bestehendes verbessern. ▢

2. Frage

A. Wenn ich keinen äußeren Druck habe, tue ich wenig oder nichts. ▢

B. Ich kann jederzeit auch ohne äußeren Druck selbstdiszipliniert arbeiten. ▢

3. Frage

A. Bei Problemlösungen reizen mich ungewöhnliche Ideen oder neuartige Theorien. ▢

B. Bei Problemlösungen greife ich lieber auf bewährte Methoden zurück. ▢

4. Frage

A. Über schwierige Themen in Philosophie oder Naturwissenschaften denke ich gerne nach. ▢

B. Es liegt mir eher fern, über schwierige philosophische oder naturwissenschaftliche Themen nachzudenken. ▢

5. Frage

A. Eine Ausbildung ohne einen Universitätsabschluss oder einen Doktortitel wäre mir zu wenig.

B. Nicht auf einen akademischen Abschluss kommt es mir an, sondern auf ein berufsorientiertes Studium.

6. Frage

A. Ich möchte das lernen, was man für den Beruf braucht, und vielleicht ein wenig aus den Nachbargebieten.

B. In meiner künftigen Ausbildung möchte ich mehr lernen als nur Berufswissen.

7. Frage

A. Wenn ich eine Aufgabe lösen muss, verlasse ich mich lieber auf mich selbst.

B. Ich frage eher jemanden, wie er oder sie an die Lösung einer Aufgabe gehen würde.

8. Frage

A. Ich möchte mein Studium fachlich breit anlegen.

B. Ich bin am Studium eines Faches interessiert.

9. Frage

A. Ich löse am liebsten Aufgaben, die theoretische Arbeit erfordern.

B. Mich interessiert eher die Anwendung der Theorie.

10. Frage

A. Fernsehsendungen über Wissenschaft und Forschung finde ich sehr spannend.

B. Diese Sendungen mögen spannend sein, aber mich interessiert mehr, was man mit Forschungsergebnissen machen kann.

11. Frage

A. Es macht mir Spaß, ein kleines Referat selbstständig vorzubereiten.

B. Ich schreibe lieber Klausuren, in denen das gelernte Wissen abgefragt wird.

12. Frage

A. Wenn ich etwas nicht verstanden habe, lasse ich es mir noch einmal erklären.

B. Ich setze mich selber daran, bis ich es verstanden habe.

13. Frage

A. Ich schätze mich eher als jemanden ein, der an vielen Dingen Interesse hat.

B. Ich konzentriere mich auf einige Dinge, die ich gut kann.

14. Frage

A. Um etwas zu verstehen, muss man viel nachdenken.

B. Wichtiger als viel nachdenken ist, dass man die Sache im Griff hat.

15. Frage

A. Ich möchte so viel wie möglich lernen und wissen.

B. Es kommt nicht auf die Menge an, sondern darauf, was für den Beruf wichtig ist.

16. Frage

A. Ich lerne am effektivsten mit anderen zusammen.

B. Ich lerne alleine am besten.

17. Frage

A. Mir wäre eine überschaubare Studienatmosphäre lieber als ein Massenbetrieb.

B. Es würde mir auch nichts ausmachen, mit 300 Leuten in einer Vorlesung zu sitzen.

18. Frage

A. Meine Ausbildung sollte in erster Linie der guten Berufsausbildung dienen.

B. Meine Ausbildung sollte mir die Möglichkeit bieten, mich vielseitig zu bilden.

19. Frage

A. Ich bin bereit, mich auch mit Dingen zu beschäftigen, von denen auf den ersten Blick keine praktische Anwendung zu erwarten ist.

B. Ich bin hierzu nicht bereit.

20. Frage

A. Ich lese auch das, was mich nicht so brennend interessiert.

B. Ich lese nur das, was mich direkt anspricht.

Berechnung

Bitte notieren Sie die Punkte anhand Ihrer angekreuzten Kästchen (siehe rechte Seite oben) und zählen Sie diese anschließend zusammen.

Frage	A	B	Frage	A	B
1.	1	2	11.	1	3
2.	3	1	12.	3	1
3.	1	2	13.	1	2
4.	1	3	14.	1	3
5.	2	3	15.	1	3
6.	2	1	16.	2	1
7.	2	3	17.	2	1
8.	1	3	18.	3	1
9.	1	3	19.	2	3
10.	1	3	20.	1	3

Gesamtpunktzahl:

Nachdem Sie die Auswertung vorgenommen haben, notieren Sie bitte das Ergebnis zusätzlich auf Seite 114.

Auswertung: Universitäts- oder Fachhochschulstudium?

50 und mehr Punkte

Bei Ihnen ist es klar: Sie sind an einer schnellen Ausbildung interessiert und möchten nicht lange auf den Berufseinstieg warten. Die Vorstellung von einem langen Studium, finanzieller Abhängigkeit und unsicheren Arbeitsmarktperspektiven erschreckt Sie. Von Schule und Lernen wollen Sie (vorerst) nicht mehr viel wissen. Sie halten nicht viel von Theorie und mühsamem Pauken und davon, viel zu lesen, und Sie möchten sich nicht mit Dingen beschäftigen, die aus Ihrer Sicht nicht wichtig sind. Ein Universitätsstudium sollten Sie jetzt keinesfalls beginnen, konzentrieren Sie sich auf ein Fachhochschulstudium oder, noch besser, auf eine berufliche Ausbildung. Informieren Sie sich auch noch näher über die Sonderausbildungsgänge für Abiturienten, über die Angebote der Berufs- und Wirtschaftsakademien, über die dualen Studiengänge (Kombiausbildungen), über die Ausbildungsmöglichkeiten im öffentlichen Dienst und über Ausbildungen an Berufsfachschulen (Seite 12 ff.).

45–49 Punkte

Sie sind eher an einer zeitlich überschaubaren Ausbildung und an einem baldigen Berufseinstieg interessiert. Die Vorstellung von einem sehr langen Studium, finanzieller Abhängigkeit und unsicheren Arbeitsmarktperspektiven ist für Sie alles andere als attraktiv. Ihre Antworten lassen darauf schließen, dass Sie (vorerst) genug haben von Schule und Lernen. Sie halten wenig von Theorie und mühsamem Pauken im Studium und davon, viel zu lesen, und Sie beschäftigen sich ungern mit Dingen, die aus Ihrer Sicht nicht so wichtig sind. Lassen Sie auf alle Fälle erst einmal die Finger von einem Universitätsstudium und konzentrieren Sie sich auf ein FH-Studium oder auf eine berufliche Ausbildung.

Informieren Sie sich auch noch näher über die Sonderausbildungsgänge für Abiturienten, über die Angebote der Berufs- und Wirtschaftsakademien, über die dualen Studiengänge an der Dualen Hochschule Baden-Württemberg oder an Fachhochschulen, über die Ausbildungsmöglichkeiten im öffentlichen Dienst und über Ausbildungen an Berufsfachschulen (Seite 12 ff.).

40–44 Punkte

Ihr Interesse ist stark auf eine zügige Ausbildung und auf ein praktisch angelegtes Studium ausgerichtet. Sie wollen Praxis und Theorie miteinander verbinden. Ob Sie ein Universitätsstudium beginnen wollen, sollten Sie sich überlegen. Ihre Antworten, vor allem zu den zentralen Fragen Berufsorientierung, Wissenschaft, Theorie usw., lassen darauf schließen, dass Sie sich eher in Richtung eines Fachhochschulstudiums orientieren sollten. Es bietet den Vorteil, dass es stärker anwendungs- und berufsorientiert ist, somit mehr Praxisanteile enthält und deshalb den Berufseinstieg erleichtern kann. Fachhochschulen entsprechen mit ihrem Klassensystem und mit der regelmäßigen Leistungskontrolle auch eher Ihrem Arbeitsstil. Für Sie könnten auch die Sonderausbildungsgänge der Wirtschaft oder die Ausbildungen des öffentlichen Dienstes sowie das Angebot der Berufsakademien von Interesse sein. Auch ein duales Studium (Berufsausbildung und Studium in einem) könnte Ihren Vorstellungen entsprechen (Seite 14 f.).

35–39 Punkte

Sie haben für beide Hochschularten Interesse bekundet. Deshalb ist Ihre Entscheidung schwierig. Sie sollten noch einmal die Unterschiede beider Hochschultypen in Ihre Überlegungen mit einbeziehen: Liegt Ihnen mehr an Theorievermittlung oder Anwendungsorientierung? Und wie wichtig ist Ihnen, nicht an einer Massenuni zu studieren? Lesen Sie noch einmal gründlich die nachfolgende Gegenüberstellung von Universitäts- und Fachhochschulstudium auf Seite 30 durch. Sie sollten sich auch einmal eine Universität und eine Fachhochschule und die Unterschiede vor Ort ansehen.

27 – 34 Punkte

Sie tendieren viel stärker zu einem Universitätsstudium als zu einem Fachhochschulstudium. Weder die Theorie im Studium noch die lange Studiendauer, weder die finanzielle Abhängigkeit, die unsichere Arbeitsmarktlage noch überfüllte Hörsäle und lange Reihen von noch zu lesenden Büchern schrecken Sie ab. Wenn Ihre Einschätzung stimmt, verfügen Sie auch über all die anderen Voraussetzungen, die man für ein Universitätsstudium braucht, wie Fleiß, Interesse an selbstständigem Arbeiten, Bereitschaft, auch abends oder am Wochenende zu arbeiten, die Fähigkeit zu logischem Denken, Interesse an Wissenschaft und vieles mehr.

Weniger als 27 Punkte

Sie sind der ideale Kandidat / die ideale Kandidatin für ein Universitätsstudium. Jede/-r Professor/-in wünscht sich Studenten mit Ihren Vorstellungen. Weder die Theorielastigkeit des Studiums noch die lange Studiendauer, die finanzielle Abhängigkeit, die unsichere Arbeitsmarktlage noch überfüllte Hörsäle und lange Reihen von noch zu lesenden Büchern können Sie abschrecken. Wenn Ihre Einschätzung stimmt, verfügen Sie auch über all die anderen Voraussetzungen, die man für ein Universitätsstudium braucht, wie Fleiß, selbstständiges Arbeiten, Bereitschaft, auch mal abends oder am Wochenende zu arbeiten, die Fähigkeit zu abstraktem Denken, Interesse an Wissenschaft und vieles mehr. Sie sollten an einer Universität studieren.

Sie müssen aber noch das richtige Studienfach / die Studienfächer sowie den infrage kommenden Studiengang ausfindig machen und dabei auch den Blick auf mögliche Berufe nicht außer Acht lassen.

Stellen Sie sich abschließend noch folgende Fragen:

- Bin ich eher an theoretischen Fragen oder mehr an der praktischen Bewältigung von Aufgaben interessiert?
- Halte ich mich eher für einen Generalisten und Analytiker, oder bin ich mehr ein Spezialist?
- Möchte ich in spätestens dreieinhalb bis vier Jahren ein Studium abschließen, oder bin ich auch bereit, eine zwei bis drei Jahre längere Ausbildung zu absolvieren?
- Kann ich mir vorstellen, in einer Massenuniversität zurechtzukommen, oder brauche ich ein überschaubares Ausbildungssystem?
- Möchte ich evtl. eine Doktorarbeit schreiben (dauert etwa weitere zwei bis vier Jahre), oder kann ich darauf verzichten?

- Möchte ich mein Studium eher breit anlegen oder mich bereits früh spezialisieren?
- Welche Rolle spielen Geld und Karriere in meinem Leben?
- Bin ich auf spätere Führungspositionen ausgerichtet, oder kann ich mir auch vorstellen, in mittleren Positionen mit Zufriedenheit tätig zu sein?

Wenn Sie sich noch immer nicht sicher sind, ob ein Universitätsstudium oder ein Fachhochschulstudium für Sie das Richtige ist, sollten Sie sich folgende Argumente noch einmal vor Augen führen.

Kennzeichen eines Universitätsstudiums	**Kennzeichen eines Fachhochschulstudiums**
eher theoriebezogenes Studium; auf wissenschaftliche Arbeit und Methodik ausgerichtet	eher auf (praktische) Anwendung bezogenes Studium; Forschung ist keine zentrale Aufgabe
viele Studierende; in vielen Fächern Massenausbildung	etwas weniger Studierende; bessere individuelle Betreuung
Dauer: etwa 3 bis 4 Jahre bei Bachelorstudiengang; 5 bis 7 Jahre bei Bachelor- plus Masterstudium oder Staatsexamensstudiengang; weitere 2 Jahre ggf. bei Referendariat für das Lehramt bzw. Rechtswissenschaft oder weitere 2 bis 4 Jahre für eine Doktorarbeit	Dauer: etwa 3,5 bis 4 Jahre; bei Bachelor- plus Masterstudium etwa 5 bis 6 Jahre
späterer Einstieg ins Berufsleben (durch Studiendauer bedingt)	früherer Eintritt ins Berufsleben
breites Fächerangebot, mehr Kombinationsmöglichkeiten	begrenztes Angebot von Fächern, dafür größere Spezialisierung
Berufseinstieg momentan schwerer	Berufseinstieg in der Regel leichter
Möglichkeit zur Doktorarbeit	keine Möglichkeit zur Doktorarbeit, nur nach Wechsel auf eine Universität nach dem Master
Ausbildung eher für höhere Positionen	Berufsaufstieg eher in mittlere Positionen

Keine der beiden Hochschularten ist besser als die andere. Es handelt sich einfach um zwei verschiedene Hochschultypen mit unterschiedlichen Zielen und Aufgaben. Deshalb kann nur jede/-r für sich die Frage beantworten, ob ein Fachhochschulstudium oder ein Universitätsstudium sinnvoller ist.

Test 3
Was sagen die Schulnoten?

Für jedes Studienfach wird eine besondere Begabung oder Eignung vorausgesetzt, die nicht jede/-r hat. Wie kann ich also herausfinden, ob ich für ein Studium geeignet bin und welche Studienfächer meinen Interessen und Begabungen am ehesten entsprechen?

Hilfreich ist eine Stärken- und Schwächen-Analyse. Aus Vorlieben für oder aus der Abneigung gegen bestimmte Schulfächer lassen sich bereits mögliche Studienfächer herausfinden. Vorliebe und Abneigung drücken sich aber nur teilweise in der jeweiligen Note aus. Die Note ist die Summe von Begabung, Arbeit, Fleiß, Ausdauer, Interesse und sozialem Umfeld in Familie und Schule; sie hängt auch von den Anforderungen der Schule, vom pädagogischen Geschick des Lehrers und vielen anderen Faktoren ab.

Machen Sie deshalb folgendes Gedankenexperiment: Sie hätten für alle Fächer gleich viel und vor allem viel getan und wären dabei auf einen besonders begabten Pädagogen gestoßen, der einen interessanten Unterricht macht und das Wissen optimal vermitteln kann. Welche Noten wären dann sehr gut, gut, befriedigend usw. gewesen?

Schulfach	**Note**	**Schulfach**	**Note**
Biologie	2	Mathematik	1
Chemie	3	Musik	3
Deutsch	3	Philosophie	2
Englisch	2	Physik	3
Erdkunde	1	Religionslehre/Ethik	2
Französisch	2	Sozialkunde	1
Geschichte	4	Sport	1
Kunst	1	Technik, Informatik	2
Latein, Griechisch	3	Wirtschaft	2-3

Nehmen Sie jetzt zuerst das Schulfach bzw. die Schulfächer mit den besten Noten und schauen Sie sich auf den Seiten 33 und 34 an, welche Studienfächer für Sie infrage kommen könnten. Machen Sie danach einen Abgleich mit dem zweitbesten und ggf. drittbesten Fach, und vergleichen Sie auch dieses Fach bzw. diese Fächer mit der Liste. Notieren Sie sich anschließend diese Fächer.

Schüler sind erfahrungsgemäß nicht nur in einem Schulfach leistungsstark (oder leistungsschwach), sondern häufig in mehreren Fächern, vor allem in solchen, die zur gleichen Gruppe gehören, z. B. in Fremdsprachen oder in Naturwissenschaften. Deshalb vergleichen Sie nun noch Ihre Stärken in Kombinationen von mehreren Schulfächern mit infrage kommenden Studienfächern. Die Überlegung ist die gleiche wie zuvor: Sie ermitteln Ihre besten Schulfächer, indem Sie sich vorstellen, dass Sie für alle Fächer gleich viel Zeit und gleich viel Arbeit investiert hätten und von sehr guten Lehrern unterrichtet worden wären.

Notieren Sie keine Noten, kreuzen Sie nur die Fächer an, in denen Sie unter den oben genannten Umständen sehr gut gewesen wären.

Meine besten Noten hätte ich erzielt in:

- [ ] Mathematik und Physik
- [ ] Mathematik und Chemie
- [x] Mathematik und Biologie
- [ ] Physik und Chemie oder Biologie
- [ ] Chemie und Biologie
- [ ] Naturwissenschaftliches Fach und Erdkunde
- [ ] Englisch und Französisch
- [ ] Fremdsprachen und Erdkunde
- [ ] Fremdsprachen und Sozialkunde
- [ ] Deutsch und Englisch / Französisch
- [ ] Deutsch und Erdkunde
- [ ] Deutsch und Geschichte
- [ ] Deutsch und Sozialkunde
- [ ] Deutsch und alte Sprachen
- [ ] Deutsch und Mathematik
- [ ] Deutsch und Religionslehre
- [ ] Kunst und Musik
- [ ] Alte Sprachen und Geschichte
- [ ] Deutsch und Philosophie
- [x] Mathematik und Sport
- [ ] Informatik und Technik
- [x] Mathematik und Kunst
- [ ] Wirtschaft und Fremdsprachen

- Wirtschaft und Deutsch
- Wirtschaft und Sozialkunde
- Informatik und Fremdsprachen
- Kunst und Technik oder Informatik
- Religionslehre und Philosophie
- Religionslehre und Fremdsprachen
- Naturwissenschaften und Informatik oder Technik
- Wirtschaft und Technik
- [x] Pädagogik und Sozialkunde

Sehen Sie jetzt bitte auf den Seiten 33 bis 38 nach, welche möglichen Studienfächer sich hieraus ergeben.

Auswertung: Schulfächer – Studienfächer

Stärken in Schulfächern		**Als mögliche Studienfächer kämen infrage**
Religionslehre	→	Theologie, Sozialpädagogik, Sozialarbeit, Vergleichende Religionswissenschaft, Philosophie
Sozialkunde / Gemeinschaftskunde	→	Wirtschaftswissenschaften, Soziologie, Politologie, Sozialwissenschaft, Rechtswissenschaft, Sozialarbeit, Sozialpädagogik
Geschichte	→	Geschichte, Politologie, Soziologie, Sozialwissenschaft, alte Sprachen, Archäologie
Deutsch	→	Germanistik, Literaturwissenschaft, Bibliotheks- und Informationswissenschaft, Journalismus, Schauspiel
Englisch	→	Anglistik, Amerikanistik, europäische Sprachen
Französisch	→	Romanistik, andere geisteswissenschaftliche Fächer
Latein / Griechisch	→	Klassische Philologie, Sprachwissenschaft, Kulturwissenschaft, Geschichte, Archäologie
Sport	→	Sportstudiengänge, auch für Lehramt
Mathematik	→	Mathematik, Physik, Wirtschaftswissenschaften, ingenieurwissenschaftliche Fächer, Astronomie, Maschinenbau, Informatik, Architektur
Physik	→	Physik, Astronomie, Elektrotechnik, Maschinenbau, Fahrzeugtechnik, Biowissenschaften, Geowissenschaften
Chemie	→	Chemie, Biochemie, Biologie, Agrarwissenschaften, Medizin

Erdkunde	→	Geografie, Geologie, Mineralogie, Landwirtschaft
Biologie	→	Biologie, Biochemie, Medizin, Chemie, Landwirtschaft
Philosophie	→	Philosophie, Theologie, Religionswissenschaft, Pädagogik, Sprachen und Kulturen
Kunst	→	Kunst, Architektur, Innenarchitektur, Grafik, Gestaltung, Design, Kunstgeschichte
Musik	→	Musikwissenschaft, Vokalmusik, Instrumentalmusik
Informatik	→	Informatik, ingenieurwissenschaftliche Fächer
Pädagogik	→	Erziehungswissenschaft, Lehramt, Sozialarbeit, Sozialpädagogik
Wirtschaftslehre	→	alle wirtschaftswissenschaftlichen Fächer
Technik	→	alle technischen Studienfächer

Auswertung: Stärken in mehreren Schulfächern – infrage kommende Studienfächer

Mathematik und Physik

Stärken in Mathematik und Physik sind optimale Voraussetzung nicht nur für das Studium dieser beiden Fächer, sondern für alle technischen Fächer. Wenn ein Interesse an einer weiteren Naturwissenschaft z. B. Biologie oder Chemie besteht, sind zusätzlich sehr gute Voraussetzungen für alle naturwissenschaftlichen Studienfächer und für Medizin gegeben, da sie fast alle in den ersten Studiensemestern auf diesen Fächern aufbauen. Optimale Bedingungen liefert diese Kombination auch für das Studium Vermessungswesen (Geodäsie). Bei Interesse an Informatik bestehen zusätzlich gute Voraussetzungen für ein Informatikstudium.

Mathematik und Chemie

Gute Voraussetzungen für Naturwissenschaften, technische Fächer und Medizin. Besonders gute Bedingungen für Chemieingenieurwesen und Verfahrenstechnik.

Mathematik und Biologie

Infrage kommen Mathematik, Biologie, Biotechnologie, Haushalts- und Ernährungswissenschaften, ferner (bei Interesse an Technik) die Ingenieurstudiengänge und (bei Interesse für Chemie) medizinische Fächer.

Physik und Chemie oder Biologie
Studium dieser Fächer, ferner die anderen Naturwissenschaften, vor allem Pharmazie und Agrarwissenschaften. Außerdem gute Voraussetzungen für ein Medizinstudium.

Chemie und Biologie
Alle sogenannten biowissenschaftlichen Studiengänge (Biologie, Biochemie, Biotechnologie) und Medizin. Die beiden Schulfächer sind auch Voraussetzung für das Studium der anderen Naturwissenschaften, z. B. Pharmazie, Lebensmittelchemie, Agrarwissenschaften / Landwirtschaft, Haushalts- und Ernährungswissenschaften und, in Verbindung mit Physik, für die sogenannten geowissenschaftlichen Studiengänge (Geologie, Mineralogie u. Ä.) und für Umweltstudiengänge.

Ein naturwissenschaftliches Fach und Erdkunde
Geografie, Städtebau, Landschaftsplanung, Raumplanung, Geoökologie, Ökologie.

Englisch und Französisch
Neben dem Studium beider Fächer besteht die Möglichkeit für einen Übersetzer- oder Dolmetscherstudiengang. Auch interessante Kombination für ein Lehramtsstudium.

Fremdsprachen und Erdkunde
Neben Geografie und Übersetzen / Dolmetschen würde sich (bei Interesse für Wirtschaft) der Studiengang Touristik anbieten.

Fremdsprachen und Sozialkunde
Primär kulturwissenschaftliche Fächer und einige Gesellschaftswissenschaften (Sozialwissenschaft, Politikwissenschaft).

Deutsch und Englisch / Französisch
Ein Studium dieser Fächer (Germanistik, Anglistik, Romanistik), aber auch Übersetzen / Dolmetschen, weiterhin Lehramtsstudium dieser Fächer (bei pädagogischer Begabung).

Deutsch und Erdkunde
Germanistik, Sprachwissenschaft, Geografie, Lehramt Deutsch und Erdkunde (bei pädagogischer Begabung).

Deutsch und Geschichte
Die meisten Kulturwissenschaften, etwa Germanistik, Geschichte, Philosophie. Weiter Journalistik / Publizistik / Medienwissenschaft und (bei pädagogischer Begabung) Lehramtsstudium Deutsch und Geschichte.

Deutsch und Sozialkunde
Soziologie, Sozialwissenschaft, Politische Wissenschaft, aber auch (bei Interesse an Wirtschaft und falls mathematisch begabt) Volkswirtschaftslehre, evtl. auch Lehramt.

Deutsch und alte Sprachen
Geschichte, Philosophie, Altertumswissenschaften (etwa Archäologie, Ägyptologie). In erster Linie auch Studium der Altphilologie (Gräzistik, Latinistik).

Deutsch und Mathematik
Bei Interesse für den Schuldienst Lehramtsstudium der beiden Fächer. Fachleute sehen in dieser Kombination auch eine gute Voraussetzung für Jura. Ebenfalls für Psychologie und für Bibliothekswissenschaften.

Deutsch und Religionslehre
Theologie, Lehramt Deutsch und Religionslehre (bei pädagogischer Begabung), Philosophie, Sozialwesen.

Alte Sprachen und Geschichte
Hier gilt Gleiches wie bei Deutsch und alte Sprachen.

Deutsch und Philosophie
Philosophie, Germanistik, evtl. auch Lehramt (bei zusätzlicher pädagogischer Begabung).

Deutsch und Sozialkunde
Soziologie, Sozialwissenschaft, Sozialpädagogik, evtl. auch Lehramt (bei pädagogischer Begabung).

Mathematik und Sport
Interessante Lehramtskombination bei Interesse am Schuldienst, aber auch gute Voraussetzung für einen Nicht-Lehramtsstudiengang Sport. Bei zusätzlicher Begabung für Physik auch technische Fächer.

Informatik und Technik

Informatik und die anderen Fächer der Informationswissenschaften, ferner Ingenieurwissenschaften mit hohem Informatikanteil (vor allem elektrotechnische Fächer). Interessant evtl. auch für das Lehramt an berufsbildenden Schulen, sofern pädagogische Begabung vorhanden ist.

Mathematik und Kunst

Optimale Kombination für Architektur und evtl. Innenarchitektur. Auch für Gestaltung, Grafik und Design, für ein Lehramtsstudium (bei pädagogischer Begabung) und für Fotografie.

Wirtschaft und Fremdsprachen

Wirtschaftswissenschaften (VWL, BWL) mit zusätzlichem Fremdsprachenangebot (bieten einige Universitäten an), Touristik, Dolmetschen und Übersetzen.

Wirtschaft und Deutsch

Alle Wirtschaftswissenschaften (VWL, BWL), ferner Wirtschaftspädagogik, Journalistikstudiengänge und Kommunikationswissenschaft.

Wirtschaft und Sozialkunde

Sozialkunde (Lehramtsfach), Soziologie und Politikwissenschaft, Stadt- und Raumplanung.

Informatik und Fremdsprachen

Informatik mit Schwerpunkt Sprachwissenschaft oder Computerlinguistik, Ingenieurstudium mit Fremdsprachenanteil, evtl. auch Übersetzen / Dolmetschen mit Sachfach Informatik.

Kunst und Technik oder Informatik

Kunst, Fotografie, alle Grafik-, Gestaltung- und Design-Studiengänge mit hohem EDV-Anteil.

Religionslehre und Philosophie

Theologie, Philosophie, Vergleichende Religionswissenschaft.

Religionslehre und Fremdsprachen
Lehramtskombination Religionslehre und Fremdsprache (aber nur bei pädagogischer Begabung), vor allem theologische Studiengänge oder Fremdsprachenstudiengänge.

Naturwissenschaften und Informatik oder Technik
Alle Naturwissenschaften, vor allem solche mit hohen technischen Studienanteilen, und Medizin.

Wirtschaft und Technik
Optimale Voraussetzung für Wirtschaftsingenieurwesen oder Technische Betriebswirtschaftslehre.

Pädagogik und Sozialkunde
Sozialpädagogik, Sozialarbeit, Lehramt (bei pädagogischer Begabung und Interesse an einem weiteren Schulfach).

Notieren Sie abschließend die Ergebnisse des Schulnotentests auf Seite 114.

Test 4
Die richtige Fächergruppe herausfinden

Vorabinformationen

An den deutschen Hochschulen können etwa 180 verschiedene Studienfächer studiert werden. Diese Vielzahl von Einzeldisziplinen von A (Architektur) über M (Mittellateinische Philologie) bis Z (Zentralasienkunde) kommt vielen wie ein großes Füllhorn vor, aus dem man »nur« das richtige Fach heraussuchen muss. Aber 80 Prozent der Fächer sind Schülern und Eltern meist überhaupt nicht oder nur vom Hörensagen bekannt. Vor diesem Angebot stehen die künftigen Studierenden, unschlüssig – wie könnte es anders sein –, welches Fach oder welche Fächer sie studieren sollen und für welche Richtung sie die entsprechende Eignung mitbringen.

In diesem Test, in dem nach Ihren Interessen und Neigungen gefragt wird, sollen Sie selbst ermitteln, für welche Fächergruppe Sie die besten Voraussetzungen mitbringen und welche Gruppen nicht infrage kommen. Möglich ist auch, dass Sie Interesse nicht nur an einer Gruppe haben, sondern an zwei oder drei Gruppen. Um Missverständnisse zu vermeiden: Hier geht es (noch nicht) um konkrete Studienfächer, z. B. Biologie oder Volkswirtschaftslehre, sondern um eine Gruppe von Fächern, bei denen es um ähnliche Inhalte geht. Auch in der Schule gab es Fächergruppen – Sprachen, Naturwissenschaften oder gemeinschaftskundliche Fächer, für die man mehr oder weniger Interesse hatte. Um herauszufinden, für welche Studienfachgruppen Sie sich interessieren, ist erst einmal dieser Test notwendig. Im nächsten Schritt (Test 5) geht es dann um konkrete Studienfächer.

Machen Sie folgendes Gedankenexperiment:

Stellen Sie sich vor, Sie nehmen an einer eineinhalbstündigen Vorlesung teil, die während des Semesters jede Woche einmal stattfindet.

Von Ihnen wird erwartet, dass Sie sich vor Beginn der ersten Lehrveranstaltung anhand eines Buches in das Thema einlesen oder Sie sich über das Internet Grundkenntnisse des Themas aneignen. Zusätzlich wird von Ihnen verlangt, dass Sie nach jeder Vorlesung den Stoff nachbereiten. Da in Vorlesungen normalerweise keine Möglichkeit besteht, Verständnisfragen an den Professor oder die Professorin zu stellen oder mit ihm / ihr (ausführlich) zu diskutieren, findet zusätzlich einmal in der Woche ein Tutorium zu der Vorlesung statt, das von den Assistenten des Professors oder der Professorin angeboten wird und in dem all das, was in der Vorlesung abgehandelt wird, noch einmal durchgesprochen und diskutiert wird. In dem Tutorium findet auch die Vorbereitung auf die Klausur statt, die in der letzten Semesterwoche geschrieben werden soll. In dieser Prüfung, deren Bestehen Voraussetzung ist für die Erteilung des sogenannten Scheins bzw. für den Erhalt von Leistungspunkten / Credit Points, werden Fragen zu Themen gestellt, die in der Vorlesung durchgenommen wurden. Es versteht sich von selbst, dass hierfür einige Stunden Pauken vor der Klausur zusätzlich anfallen. Sie können sich vorstellen, dass Sie das alles nur schaffen können, wenn Sie ein Interesse an der Thematik haben. Deshalb werden Sie im folgenden Test mit 120 solcher möglichen Veranstaltungen konfrontiert, und Sie sollen spontan sagen, welche der Vorlesungen Sie sehr gerne, gerne, weniger gerne oder überhaupt nicht besuchen möchten. Falls Ihnen eine klare Aussage nicht möglich ist, kreuzen Sie die Mitte an. Sie sollten für diesen Test zwischen 45 und 60 Minuten (ohne Auswertung) einkalkulieren.

Sie finden jetzt eine Reihe von Vorlesungsthemen, bei denen Sie je nach Interesse ankreuzen sollen, dass Sie …

A unter allen Umständen an dieser Veranstaltung teilnehmen möchten,
B gerne an dieser Veranstaltung teilnehmen möchten,
C nicht wissen, ob Sie an dieser Veranstaltung teilnehmen möchten,
D eher nicht an dieser Veranstaltung teilnehmen möchten,
E auf keinen Fall an dieser Veranstaltung teilnehmen möchten.

Es geht hier nicht darum, Punkte zu sammeln, sondern das eigene Interessenprofil herauszuarbeiten. Wenn Sie also bei einer Gruppe keine Punkte oder nur wenige Punkte »erreichen«, in einer anderen sehr viele, sagt dies nur aus, dass Sie für die eine Gruppe kein Interesse haben, für eine andere jedoch ein sehr großes Interesse mitbringen.

1.	Bedeutende Werke der klassischen Musik	A	B	C	D	E
2.	Mengenlehre und der Aufbau des Zahlensystems	A	B	C	D	E
3.	Martin Luther und die Anfänge der Reformation	A	B	C	D	E
4.	Medizinische Untersuchungsmethoden	A	B	C	D	E
5.	Mensch und Welt: Einführung in die Philosophie	A	B	C	D	E

6.	Einführung in die Gen- und Biotechnologie	A B C D E
7.	Techniken und Materialien im Kunsthandwerk	A B C D E
8.	Miteinander reden können: Grundfragen zwischenmenschlicher Kommunikation	A B C D E
9.	Rhythmik und Tanz als künstlerische Ausdrucksformen	A B C D E
10.	Allgemeine Bewegungs- und Trainingslehre	A B C D E
11.	Neue Werkstoffe und Materialien in der Luft- und Raumfahrttechnik	A B C D E
12.	Überblick über die psychologischen Behandlungsmethoden	A B C D E
13.	Systematisierung und Erfassung von Büchern	A B C D E
14.	Staat, Wirtschaft und Gesellschaft in Deutschland	A B C D E
15.	Grundlagen der Chor- und Orchesterleitung	A B C D E
16.	Die Systematik der Wirbeltiere (Fische, Amphibien, Reptilien, Vögel, Säuger)	A B C D E
17.	Sichern von Informationen und Daten	A B C D E
18.	Vom Gotischen zum Neuhochdeutschen: Sprachgeschichte des Deutschen	A B C D E
19.	Einführung in die Analysis: Differenzial- und Integralrechnung	A B C D E
20.	Überblick über die Printmedien und elektronischen Medien	A B C D E
21.	Aufbau und Funktionen des zentralen Nervensystems beim Menschen	A B C D E
22.	Planung von zentralen Wasseranlagen (Trinkwasser, Brauchwasser, Abwasser)	A B C D E
23.	Physiologische und anatomische Grundlagen des Sports	A B C D E
24.	Organisation einer Ausstellung von Büchern	A B C D E
25.	Ökologische Grundlagen des Wohnungs- und Siedlungsbaus	A B C D E
26.	Möglichkeiten der künstlerischen Gestaltung und des Entwerfens	A B C D E
27.	Einführung in die Baukonstruktion und Bauphysik	A B C D E
28.	Einführung in die Musiktechniken und Instrumentenkunde	A B C D E
29.	Rechnergestützte Bilderzeugung und Bildauswertung	A B C D E
30.	Einführung in die Wirtschaftstheorie und Wirtschaftspolitik	A B C D E
31.	Lektüre von Texten zum Neuen Testament	A B C D E

32. Grundlagen des Wissens über Emotionen — A B C D E

33. Einführung in die allgemeine Mess- und Regelungstechnik — A B C D E

34. Kunstkontakt: Begegnung mit Künstlern und Galeristen — A B C D E

35. Molekulare Grundlagen der Wirkung von Hormonen — A B C D E

36. Vom Buch zum E-Book: Technische, gestalterische und inhaltliche Möglichkeiten — A B C D E

37. Mitwirkung bei einer Musical-Inszenierung — A B C D E

38. Grafische Techniken — A B C D E

39. Praktische Übungen für akute Notfälle und erste ärztliche Hilfe — A B C D E

40. Einführung in die Statistik und Wahrscheinlichkeitsrechnung — A B C D E

41. Völker, Kulturen und Religionen in Afrika — A B C D E

42. Einführung in die moderne Erziehungswissenschaft und Bildungstheorie — A B C D E

43. Physikalische und chemische Messmethoden — A B C D E

44. Methoden der Musikvermittlung — A B C D E

45. Leonardo da Vinci als Maler, Architekt und Erfinder — A B C D E

46. Grundlagen der sozialen Marktwirtschaft — A B C D E

47. Freies Zeichnen von Tieren im Zoo — A B C D E

48. Lektüre von Texten zum historischen Jesus — A B C D E

49. Kursus der medizinischen Fachbegriffe — A B C D E

50. Grundlagen des perspektivischen und räumlichen Sehens — A B C D E

51. Mechanik der festen, flüssigen und gasförmigen Körper — A B C D E

52. Einführung in die deutsche und europäische Geschichte — A B C D E

53. Die Entwicklung des Menschen nach Lebensabschnitten — A B C D E

54. Einführung in die Theorie sportlicher Höchstleistungen — A B C D E

55. Entstehung und Ausbreitung des Christentums — A B C D E

56. Grundlagen der Betriebswirtschaft: Investitionen, Finanzierung, Personalwesen — A B C D E

57. Wirkung und Resistenz von Antibiotika — A B C D E

58. Harmonielehre und Satzlehre — A B C D E

59.	Konstruktion von Kraft- und Arbeitsmaschinen	A **B** C D E
60.	Sprachwissenschaftliche Analyse von Texten der Gegenwartssprache	A B **C** D E
61.	Kunst und Künstlerverständnis in den einzelnen Epochen	A B C D **E**
62.	Grundlagen des Sports (Geschichte, Theorie, Soziologie, Psychologie)	**A** B C D E
63.	Online-Recherchemöglichkeiten für die journalistische Berichterstattung	A B C D **E**
64.	Ernährung und Stoffbildung von Pflanzen	A B C **D** E
65.	Einführung in die indogermanischen Sprachen	A B C D **E**
66.	Grundlagen der Entwicklung von Arzneimitteln: Von der Stofffindung bis zum Medikament	A B **C** D E
67.	Einführung in die Konzentrations- und Entspannungstechniken des Sports	**A** B C D E
68.	Überblick über Kommunikations- und Informationstheorien	A **B** C D E
69.	Einführung in die moderne Zoologie	A B C D **E**
70.	Große Romane der Weltliteratur	A B C **D** E
71.	Elektrische Maschinen und Antriebssysteme	A B C **D** E
72.	Gesundheitsorientiertes Muskeltraining	**A** B C D E
73.	Geschichte Israels in biblischer Zeit	A B C D **E**
74.	Einführung in die Physik der festen Erde	A B C D **E**
75.	Einführung in die Theorie moderner Demokratien	A B **C** D E
76.	Grundlagen der Ästhetik und der Farbkompositionslehre	A **B** C D E
77.	Erneuerbare Energien: Wind, Sonne und Biomasse	A B C **D** E
78.	Erkennen und Bewältigung von Stress und Ängsten	A **B** C D E
79.	Einführung in die Musikgeschichte und Aufführungsgeschichte	A B C D **E**
80.	Erfassung und Bewertung von möglichen Nebenwirkungen bei Arzneimitteln	A B **C** D E
81.	Einführung in das deutsche und europäische Recht	A B **C** D E
82.	Feste im Kirchenjahr	A B C D **E**
83.	Einführung in die Technik von Verbrennungsmotoren	A B C **D** E

84.	Einübung der fremdsprachlichen Kompetenz und Übersetzungsübungen	A B C D E
85.	Einsatz des Computers für die Strukturierung großer Datenmengen	A B C D E
86.	Möglichkeiten vorbeugender Maßnahmen gegenüber Drogenmissbrauch	A B C D E
87.	Einführung in die Stadt-, Regional- und Landschaftsplanung	A B C D E
88.	Grundlagen der Sprecherziehung	A B C D E
89.	Aktuelle Probleme der europäischen Währungsunion	A B C D E
90.	Einführung in die Sportpsychologie: Ziele und Motive sportlicher Betätigung	A B C D E
91.	Gestalterische Möglichkeiten der Film-, Video- und Computeranimation	A B C D E
92.	Einführung in die Religionsphilosophie	A B C D E
93.	Grundlagen der betrieblichen Aus- und Weiterbildung	A B C D E
94.	Einführung in die Hörschulung	A B C D E
95.	Grundzüge der Abfallbehandlung und des Recycling	A B C D E
96.	Chemie und Gifte in Lebensmitteln	A B C D E
97.	Die biblische Schöpfungsgeschichte	A B C D E
98.	Einführung in die Anatomie und Physiologie des Menschen	A B C D E
99.	Einführung in die internationalen Wirtschaftsbeziehungen	A B C D E
100.	Die Religion im Alltag des Menschen	A B C D E
101.	Arbeit mit und in Gruppen	A B C D E
102.	Einführung in die Organisationslehre von Sportveranstaltungen	A B C D E
103.	Die Bedeutung von Obst und Gemüse für die menschliche Ernährung	A B C D E
104.	Die Bedeutung sportlicher Betätigungen für Kinder und Jugendliche	A B C D E
105.	Einführung in die Medizinische Mikrobiologie	A B C D E
106.	Das Sozialsystem in Deutschland und den USA: ein Vergleich	A B C D E
107.	Auswirkungen einer Klimaerwärmung auf die Ökosysteme	A B C D E
108.	Das Christentum und die anderen Hochreligionen	A B C D E

109.	Chemische, thermische und mechanische Verfahren	A	B	C	D	E
110.	Die Kunst des 20. Jahrhunderts	A	B	C	D	E
111.	Beschaffung, Aufbereitung und Weitergabe von Informationen	A	B	C	D	E
112.	Der Zusammenhang von Ernährung und Immunsystem	A	B	C	D	E
113.	Behebung von Lernschwierigkeiten	A	B	C	D	E
114.	Einführung in die Verfahrenstechnik: Mechanik und Strömungslehre	A	B	C	D	E
115.	Künstlerische Bearbeitung von harten Materialien (Holz, Metall, Steine)	A	B	C	D	E
116.	Auswirkungen sportlicher Betätigungen auf das Wohlbefinden des Menschen	A	B	C	D	E
117.	Aufgaben und Wirkung von Massenmedien	A	B	C	D	E
118.	Allgemeine und örtliche Betäubungsverfahren	A	B	C	D	E
119.	Wiedereingliederung von Strafgefangenen in die Gesellschafts- und Arbeitswelt	A	B	C	D	E
120.	Auswirkung von Pflanzenschutzmitteln auf die Biosphäre	A	B	C	D	E

Berechnung

Zählen Sie jetzt die Punkte zusammen:

Wenn Sie ein **A** angekreuzt haben, notieren Sie **4** Punkte.
Wenn Sie ein **B** angekreuzt haben, notieren Sie **3** Punkte.
Wenn Sie ein **C** angekreuzt haben, notieren Sie **2** Punkte.
Wenn Sie ein **D** angekreuzt haben, notieren Sie **1** Punkt.
Wenn Sie ein **E** angekreuzt haben, notieren Sie **keinen** Punkt.

1) Notieren und addieren Sie die Punkte der folgenden Veranstaltungen, und notieren Sie die Gesamtpunktzahl.

Nr. 5:	3	60:	2	
18:	0	65:	0	
41:	1	70:	1	
45:	2	84:	2	
52:	0	110:	2	Gesamtpunktzahl für **1**) = 13

2) Notieren und addieren Sie die Punkte der folgenden Veranstaltungen, und notieren Sie die Gesamtpunktzahl.

Nr.	Punkte	Nr.	Punkte
Nr. 3:	0	82:	0
31:	0	92:	0
48:	0	97:	0
55:	0	100:	0
73:	0	108:	0

Gesamtpunktzahl für **2**) = 0

3) Notieren und addieren Sie die Punkte der folgenden Veranstaltungen, und notieren Sie die Gesamtpunktzahl.

Nr.	Punkte	Nr.	Punkte
Nr. 2:	3	40:	3
6:	1	43:	0
16:	0	66:	2
19:	4	74:	0
29:	1	107:	1

Gesamtpunktzahl für **3**) = 15

4) Notieren und addieren Sie die Punkte der folgenden Veranstaltungen, und notieren Sie die Gesamtpunktzahl.

Nr.	Punkte	Nr.	Punkte
Nr. 22:	0	87:	0
25:	0	96:	1
64:	1	103:	3
69:	0	112:	4
77:	1	120:	0

Gesamtpunktzahl für **4**) = 10

5) Notieren und addieren Sie die Punkte der folgenden Veranstaltungen, und notieren Sie die Gesamtpunktzahl.

Nr.	Punkte	Nr.	Punkte
Nr. 4:	2	57:	2
21:	2	80:	2
35:	3	98:	3
39:	2	105:	1
49:	2	118:	1

Gesamtpunktzahl für **5**) = 20

6) Notieren und addieren Sie die Punkte der folgenden Veranstaltungen, und notieren Sie die Gesamtpunktzahl.

Nr. 11:	0	71:	1	
27:	0	83:	1	
33:	0	95:	1	
51:	1	109:	1	
59:	3	114:	1	Gesamtpunktzahl für **6**) = 9

7) Notieren und addieren Sie die Punkte der folgenden Veranstaltungen, und notieren Sie die Gesamtpunktzahl.

Nr. 14:	1	81:	2	
30:	2	89:	1	
46:	1	93:	2	
56:	2	99:	1	
75:	2	106:	0	Gesamtpunktzahl für **7**) = 14

8) Notieren und addieren Sie die Punkte der folgenden Veranstaltungen, und notieren Sie die Gesamtpunktzahl.

Nr. 8:	4	78:	3	
12:	4	86:	3	
32:	4	101:	2	
42:	3	113:	4	
53:	4	119:	2	Gesamtpunktzahl für **8**) = 33

9) Notieren und addieren Sie die Punkte der folgenden Veranstaltungen, und notieren Sie die Gesamtpunktzahl.

Nr. 13:	1	63:	0	
17:	2	68:	3	
20:	2	85:	2	
24:	0	111:	2	
36:	1	117:	3	Gesamtpunktzahl für **9**) = 14

10) Notieren und addieren Sie die Punkte der folgenden Veranstaltungen, und notieren Sie die Gesamtpunktzahl.

Nr. 7:	2	50:	3	
26:	3	61:	0	
34:	0	76:	3	
38:	2	91:	3	
47:	0	115:	1	Gesamtpunktzahl für **10**) = 17

11) Notieren und addieren Sie die Punkte der folgenden Veranstaltungen, und notieren Sie die Gesamtpunktzahl.

Nr. 1:	0	44:	0	
9:	2	58:	0	
15:	0	79:	0	
28:	0	88:	2	
37:	0	94:	2	Gesamtpunktzahl für **11**) = 6

12) Notieren und addieren Sie die Punkte der folgenden Veranstaltungen, und notieren Sie die Gesamtpunktzahl.

Nr. 10:	3	72:	4	
23:	3	90:	3	
54:	4	102:	3	
62:	4	104:	3	
67:	4	116:	3	Gesamtpunktzahl für **12**) = 34

Bitte ankreuzen:

Die meisten Punkte habe ich für

1 ☐ 2 ☐ 3 ☐ 4 ☐ 5 ☐ 6 ☐ 7 ☐ 8 ☐ 9 ☐ 10 ☐ 11 ☐ 12 ☒

Die zweitmeisten Punkte habe ich für

1 ☐ 2 ☐ 3 ☐ 4 ☐ 5 ☐ 6 ☐ 7 ☐ 8 ☒ 9 ☐ 10 ☐ 11 ☐ 12 ☐

Auswertung: Die richtige Fächergruppe herausfinden

- Wenn Sie die meisten Punkte bei **1)** erzielt haben, besteht ein großes Interesse an sprach-, literatur- und kulturwissenschaftlichen Fächern.
- Wenn Sie die meisten Punkte bei **2)** erzielt haben, besteht ein großes Interesse an der Fächergruppe Theologie.
- Wenn Sie die meisten Punkte bei **3)** erzielt haben, besteht ein großes Interesse an der Fächergruppe Mathematik und Naturwissenschaften.
- Wenn Sie die meisten Punkte bei **4)** erzielt haben, besteht ein großes Interesse an der Fächergruppe Agrar-, Forst- und Ernährungswissenschaften und Ökologie.
- Wenn Sie die meisten Punkte bei **5)** erzielt haben, besteht ein großes Interesse an medizinischen Fächern.
- Wenn Sie die meisten Punkte bei **6)** erzielt haben, besteht ein großes Interesse an technischen und ingenieurwissenschaftlichen Fächern.
- Wenn Sie die meisten Punkte bei **7)** erzielt haben, besteht ein großes Interesse an der Fächergruppe Rechtswissenschaft, Wirtschafts- und Gesellschaftswissenschaften.
- Wenn Sie die meisten Punkte bei **8)** erzielt haben, besteht ein großes Interesse an der Fächergruppe Sozialwesen, Psychologie, Pädagogik und Erziehungswissenschaft.
- Wenn Sie die meisten Punkte bei **9)** erzielt haben, besteht ein großes Interesse an der Fächergruppe Informationswissenschaften.
- Wenn Sie die meisten Punkte bei **10)** erzielt haben, besteht ein großes Interesse an der Fächergruppe Freie und Angewandte Kunst.
- Wenn Sie die meisten Punkte bei **11)** erzielt haben, besteht ein großes Interesse an der Fächergruppe Musik.
- Wenn Sie die meisten Punkte bei **12)** erzielt haben, besteht ein großes Interesse an der Fächergruppe Sport und Gesundheit.

Auf den folgenden Seiten finden Sie Erläuterungen und Informationen zu Ihrer Wunschfächergruppe.

Vergessen Sie bitte nicht, auch die Fächergruppe nachzulesen, bei der Sie ähnlich viele Punkte wie bei Ihrer Wunschfächergruppe erzielt haben, denn auch in dieser Gruppe gibt es einige Fächer, an denen Sie möglicherweise interessiert sein könnten. Tragen Sie vorher das Ergebnis dieser Auswertung auf Seite 115 ein.

Erläuterungen und Informationen zu den Fächergruppen

1. Sprach-, literatur- und kulturwissenschaftliche Fächer

Die Sprach-, Literatur- und Kulturwissenschaften (häufig auch als »Geisteswissenschaften« bezeichnet) beschäftigen sich mit einzelnen Sprachen und deren Entwicklungen sowie mit historischen Bezügen von Sprache, Literatur und Kultur.

Das Studium der Sprach- und Literaturwissenschaften ist auf das Erlernen von Sprachen, auf die Entwicklung von Sprachen (Sprachgeschichte) und Sprachsystemen, auf den Aufbau von Sprachen (Sprachwissenschaft) und auf literarische Erzeugnisse in Sprachen (Literaturwissenschaft) ausgerichtet. Man nennt diese Fächergruppe auch Philologien. Diese Fächer werden nicht isoliert studiert, sondern mit einem weiteren Bachelor-Hauptfach oder mit einem Bachelor-Nebenfach kombiniert.

Im Studium erlernt man eine oder mehrere Sprachen, beschäftigt sich mit der Entwicklung dieser Sprache oder Sprachen, mit ihrem Aufbau und System, mit sprachlichen Quellen und Dokumenten sowie mit den geschichtlichen und kulturellen Bezügen dieser Sprachen.

In Bachelorstudiengängen muss mit drei bis dreieinhalb Jahren Studiendauer (plus ggf. etwa zwei Jahren für den Masterabschluss) kalkuliert werden. Die Lehramtsstudiengänge schließen – je nach Bundesland und Hochschule – mit einem Staatsexamen oder einem Bachelor of Education und (nach weiteren zwei Jahren) mit einem Master of Education ab.

Eine Besonderheit innerhalb dieser Gruppe sind die Studiengänge der Angewandten Sprachwissenschaft (Übersetzen, Dolmetschen). Bei diesen Fächern spielen Sprachgeschichte und Sprachkultur keine entscheidende Rolle. Die Ausbildung soll die Studierenden in die Lage versetzen, gegenwärtige Fremdsprachen einschließlich Fachsprachen entweder in schriftlicher (Übersetzen) oder in mündlicher (Dolmetschen) Form zu übertragen.

Die Kulturwissenschaften beschäftigen sich entweder mit historischen, das heißt heute nicht mehr existierenden Kulturen oder mit noch bestehenden Kulturen in ihrer Entwicklung und in ihren Auswirkungen auf gegenwärtige Kulturen. Der Begriff Kultur ist dabei in einem sehr weiten Sinne als die Vielfalt menschlicher Kulturäußerungen zu verstehen, wie Geschichte, Philosophie, Kunst, Musik, Literatur, Religion, Brauchtum usw. Solche Fächer beziehen sich auf eine Epoche (z. B. Antike), auf einzelne Regionen (z. B. deutsche Geschichte) oder auf eine Kulturäußerung (z. B. Kunstgeschichte oder Philosophie).

Die Fächergruppe *Sprach-, Literatur- und Kulturwissenschaften* lässt sich in zwei Untergruppen einteilen:

Die erste Untergruppe heißt *sprach- und literaturwissenschaftliche Fächer Europas und Nordamerikas*. Hierzu gehören folgende Einzelfächer:

- Amerikanistik (Sprache, Geschichte, Literatur und Kultur Nordamerikas)
- Anglistik (Sprache, Literatur, Kultur und Geschichte Englands und der von England geprägten Welt)
- Balkanologie (Sprachen und Kulturen der Balkanländer)
- Baltische Philologie (Sprachen und Kulturen der Länder Lettland und Litauen sowie angrenzender Regionen)
- Byzantinistik (Sprache und Kulturen des oströmischen Reiches bis zur Eroberung durch die Türken im 16. Jahrhundert)
- Finnougristik (die ursprünglich verwandten Sprachen und Kulturen Finnlands und Ungarns, auch Estnisch gehört zu den finnougrischen Sprachen)
- Germanistik (deutsche Sprache und Literatur)
- Kanadistik (Sprache, Geschichte, Literatur und Kultur Kanadas)
- Keltologie (keltische Sprachen und Kulturen)
- Klassische Philologie (Latein, Griechisch)
- Mittellateinische Philologie (lateinische Sprache im Mittelalter)
- Neugriechisch
- Niederländische Philologie (niederländische Sprache, Literatur und Kultur), auch Niederlandistik genannt
- Romanistik (Sprachen und Kulturen der romanischen Welt wie Französisch, Italienisch, Spanisch, Portugiesisch oder Rumänisch)
- Skandinavistik / Nordistik (Sprachen und Kulturen der nordeuropäischen Länder)
- Slawistik (slawische Sprachen und Kulturen wie Russisch, Polnisch, Tschechisch)
- Vergleichende Literaturwissenschaft (Vergleich von verschiedenen Literaturen)
- Allgemeine Sprachwissenschaft (Vergleich von verschiedenen Sprachen und Sprachsystemen)
- Angewandte Sprachwissenschaft (Übersetzen, Dolmetschen)

Die zweite Untergruppe bilden die *außereuropäischen Sprachen und Kulturen*, die sich noch einmal in vier weitere Untergruppen unterteilen lassen.

Die erste dieser Untergruppen bilden die *Sprachen und Kulturen der Alten Welt*. Hierbei handelt es sich um alte orientalische Kulturen, die heute nicht mehr bestehen. Hierzu gehören:

- Ägyptologie (ägyptische Sprachen und Kulturen von der Pharaonenzeit bis zur griechisch-römischen Zeit)
- Altamerikanistik (altamerikanische Indianersprachen und -kulturen)
- Altorientalistik / Assyriologie (die alten Kulturen der Babylonier, der Sumerer und der Hethiter)
- Koptologie (Sprache und Geschichte der Christen in Ägypten, auch Kopten genannt)
- Papyrologie (befasst sich mit den schriftlichen Quellen der Spätzeit Ägyptens bis in die arabische Zeit)
- Vorderasiatische Altertumswissenschaft

Die zweite Untergruppe bilden die *Sprachen und Kulturen des Vorderen Orients und Afrikas*. Im Einzelnen handelt es sich um folgende Studienfächer:

- Afrikanistik (afrikanische Sprachen und Kulturen)
- Arabistik (arabische Sprachen und Kulturen)
- Iranistik (Sprachen und Kulturen des Persischen Reiches)
- Islamwissenschaft (Sprachen und Kulturen der vom Islam geprägten Welt)
- Judaistik (Sprache, Kultur und Geschichte der Juden)
- Orientalistik (Sprachen und Kulturen des Orients)
- Semitistik (semitische Sprachen und Kulturen)
- Turkologie (Sprachen und Kulturen der asiatischen Turkvölker)
- Wissenschaft vom Christlichen Orient (christliche Kulturen im Orient)

Das Studienfach, das sich mit *Sprachen und Kulturen des indischen Subkontinents* (heutige Staaten Indien, Pakistan, Bangladesch, Bhutan, Malediven, Sri Lanka, Afghanistan, Nepal) beschäftigt, heißt Südasienkunde oder Indologie. Zum Studienfach Südostasienwissenschaft gehört das Studium austronesischer Sprachen und Kulturen, die Sprache und Kultur der Thai-Völker und die Sprache und Kultur Vietnams.

Die letzte Untergruppe innerhalb der sprach- und literaturwissenschaftlichen Fächer bilden die *Sprachen und Kulturen Zentral- und Ostasiens*, wozu im Einzelnen gehören:

- Japanologie (japanische Sprache und Kultur)
- Koreanistik (Sprache und Kultur Koreas)
- Mongolistik
- Sinologie (chinesische Sprache und Kultur)
- Tibetologie (diese drei zuletzt genannten Fächer beschäftigen sich mit zentralasiatischen Sprachen und Kulturen)

Unter dem Begriff *Kulturwissenschaften* werden die Fächer zusammengefasst, bei denen nicht das Erlernen der jeweiligen Kultursprachen, sondern die Beschäftigung mit geschichtlichen und kulturellen Gesichtspunkten im Vordergrund des Studiums steht. Hierzu zählen:

- Archäologie (klassische, christliche, Provinzialarchäologie)
- Archivwissenschaft
- Buch- und Bibliothekskunde
- Geschichte (vom Altertum bis zur Zeitgeschichte)
- Historische Landeskunde
- Angewandte Kulturwissenschaft
- Kunstgeschichte, Kunstwissenschaft (einschließlich indische und orientalische Kunstgeschichte)
- Musikwissenschaft / Vergleichende Musikwissenschaft
- Philosophie
- Theaterwissenschaft
- Vergleichende Religionswissenschaft (auf mehrere Religionen bezogen)
- Völkerkunde (auch Ethnologie genannt)
- Volkskunde / Europäische Ethnologie

Fächer der Gruppe Sprach-, Literatur- und Kulturwissenschaften sind nur an den Universitäten (vereinzelt auch an Technischen Universitäten) vertreten.

Für die Absolventen dieser Fächergruppe gibt es kein fest umrissenes Berufsfeld. Sie streben eine Beschäftigung in folgenden Bereichen an: Lehramt an Schulen, Mitarbeit in Bildungseinrichtungen, bei Behörden, Medien, in Museen, Archiven, Bibliotheken und Verlagen, Tätigkeiten im Hochschuldienst, im auswärtigen Dienst oder in der Entwicklungshilfe.

Bei den sprach-, literatur- und kulturwissenschaftlichen Fächern ist es wichtig, ein ausgeprägtes Sprachgefühl zu besitzen, sicher im sprachlichen Ausdruck zu sein und Freude und Interesse am Lesen von Literatur und an Kulturgeschichte zu haben. Gute Leistungen in Schulfächern wie Deutsch, Englisch, Französisch, Latein, Geschichte und Philosophie sind hierfür wichtige Anhaltspunkte.

2. Theologische Fächer

Die theologischen Fächer beschäftigen sich mit der Lehre von Gott, wie ihn der christliche Glaube sieht, mit der Verkündigung der Glaubenslehre und mit der Entwicklung des christlichen Glaubens. Je nach Ausrichtung und Schwerpunkt unterscheidet man katholisch-theologische Fächer (Katholische Theologie, Katholische Religionspädagogik) und evangelisch-theologische Fächer (Evangelische Theologie, Evangelische Religionspädagogik), das Studium kleinerer christlicher Glaubensgemeinschaften (z. B. Altkatholische Theologie) und die Fächer, die sich mit der pädagogischen Vermittlung dieser Glaubensgrundsätze (Religionspädagogik) beschäftigen. Das Fach Vergleichende Religionswissenschaft untersucht Gemeinsamkeiten und Unterschiede von wichtigen Hochreligionen, z. B. des Christentums, des Judentums und des Islam.

Die theologischen Fächer können entweder an Universitäten oder an speziellen Kirchlichen oder Theologischen / Philosophischen Hochschulen studiert werden. Die Studiendauer sollte mit mindestens sechs Jahren veranschlagt werden, vor allem wegen der alten Sprachen. Latein und Griechisch und auch Hebräisch sind die Quellensprachen der christlichen Religionen. Aus diesem Grund hat in den ersten Semestern das Erlernen dieser alten Sprachen einen besonderen Stellenwert.

Die Absolventen sind – je nach Ausbildung – als Geistliche, als Laientheologen, in der kirchlichen Erwachsenenbildung, in sozialen Berufen oder als Religionslehrer im Schuldienst tätig.

Die wichtigste Voraussetzung für ein theologisches Studium ist der Glaube. Aber an Gott glauben reicht allein nicht aus. Für den späteren Geistlichen oder Laientheologen ist ein Verständnis für die Sorgen und Probleme anderer Menschen ebenso wichtig wie das Interesse an philosophischen und geistigen Fragen. Außerdem sollte, wie bereits erwähnt, ein starkes Interesse an alten Sprachen sowie an Geschichte bestehen.

Den Abschluss des Studiums bildet entweder ein Bachelor- und anschließend ein Mastergrad, ein Magister, ein Diplom oder eine kirchliche Prüfung.

3. Mathematik und Naturwissenschaften

Hierbei handelt es sich um eine Reihe von einzelnen Disziplinen, die sich mit der systematischen Erforschung der Natur oder Teilen davon beschäftigen. Das Ziel dieser Fächer besteht darin, Erscheinungen und Vorgänge in der Natur und deren Gesetzmäßigkeit mit Experimenten zu ergründen, aus Beobachtung Theorien zu entwickeln und die Natur mithilfe der Technik nutzbar zu machen.

Es gibt die sogenannten klassischen naturwissenschaftlichen Fächer, wie Physik, Chemie, Biologie, Geologie und Pharmazie, und neuere Fächer wie z. B. Biotechnologie. Die Mathematik wird, obwohl sie sich mit Zahlen beschäftigt, zu den Naturwissenschaften gerechnet, weil die Mathematik wichtige Methoden und Verfahren für die Naturwissenschaften liefert und gewissermaßen die Sprache der Naturwissenschaften ist.

In der Vergangenheit stand für die Naturwissenschaften die Ausbeutung und Beherrschung der Natur im Vordergrund. Heute gewinnen jene Fächer an Bedeutung, die sich mit der Umwelt und den Auswirkungen auf menschliches, tierisches und pflanzliches Leben beschäftigen. Der Schutz der Natur wird ein immer wichtigeres Ziel naturwissenschaftlicher Arbeit.

Die Gruppe umfasst folgende Einzelfächer:

- Astronomie (zumeist Schwerpunkt innerhalb des Faches Physik)
- Biochemie
- Biologie
- Biotechnologie
- Chemie
- Geografie
- Geologie
- Geoökologie
- Geophysik
- Informatik mit verschiedenen Einzelfächern
- Lebensmittelchemie
- Meteorologie
- Mineralogie
- Ozeanografie
- Pharmazie
- Physik / Physikalische Technik

- Allgemeine Mathematik
- Angewandte Mathematik
- Technomathematik
- Wirtschaftsmathematik

Das Studium dieser Fächergruppen ist an Universitäten und an Fachhochschulen möglich. Wer sich für ein Universitätsstudium entscheidet, sollte bei einem Bachelorstudiengang mindestens drei bis dreieinhalb Jahre, mit einem sich anschließenden Master fünf bis sieben Jahre Studienzeit einplanen. Für das Fach Pharmazie (Abschluss Staatsexamen) gilt als Richtlinie viereinhalb bis fünf Jahre Studium. Das FH-Studium (nur für wenige Fächer) ist in etwa dreieinhalb bis vier Jahren (Bachelorstudiengang) bzw. fünf bis sechs Jahren (mit Masterstudiengang) zu schaffen.

Das Studium ist in den ersten Semestern in den verschiedenen Fächern sehr ähnlich. Egal, für welches Fach Sie sich entscheiden, es besteht (grob) aus einem Viertel Mathematik, einem Viertel Chemie, einem Viertel Physik und einem Viertel des eigentlichen Studienfachs. Wenn jemand Biologie studiert, beträgt der Anteil der reinen Biologieveranstaltungen nur ein Viertel. Später im Studium verschieben sich die Anteile natürlich stärker zum eigentlichen Studienfach. Da aber viele Studierende nicht mit gleich guten Kenntnissen in allen Naturwissenschaften an die Hochschule kommen, ist es meist notwendig, in den ersten Semestern den noch fehlenden Stoff nachzuholen. Mancher, der bereits früh Chemie und Physik abgewählt hat, muss viel Grundwissen aufarbeiten. Aus diesem Grund sollte sich niemand an einem mathematisch-naturwissenschaftlichen Fach versuchen, der kein grundlegendes Interesse für die Naturwissenschaften mitbringt. Bei Informatik muss ein starkes Interesse für Computer und EDV vorhanden sein.

Bei dieser Fächergruppe ist es auch von Vorteil, über etwas technische Begabung und Geschick zu verfügen, da das Studium etliche fachpraktische und experimentelle Lehrveranstaltungen beinhaltet.

Mathematiker und Naturwissenschaftler sind überwiegend in Forschung und Entwicklung tätig, sei es in der Industrie, in staatlichen Forschungseinrichtungen, in privatwirtschaftlichen Planungsbüros, an Hochschulen oder bei Behörden (z. B. Ministerien), die Forschungsentwicklungen steuern oder kontrollieren.

Der Studienabschluss ist in der Regel ein Bachelor- und ggf. anschließender Mastergrad, in Lehramtsstudiengängen wird der Bachelor und Master of Education erworben oder das Staatsexamen.

4. Agrar-, Forst- und Ernährungswissenschaften, Ökologie

Die Fächergruppe ist mit den Naturwissenschaften verwandt, hat aber einige Besonderheiten. Zu dieser Gruppe gehören all die Fächer, die sich mit der Gestaltung der Landschaft, der Stadt und des Raums oder mit der wirtschaftlichen Nutzung und Pflege des Bodens beschäftigen, ferner mit den vielfältigen Arten von Pflanzen-, Baum- und Tierhaltung und mit der menschlichen und tierischen Ernährung unter Berücksichtigung von physiologischen und wirtschaftlichen Gesichtspunkten. Dabei werden auch die Umweltthemen mit einbezogen. Einige dieser Fächer haben deshalb auch entsprechende Umweltschwerpunkte.

Die einzelnen Fächer dieser Gruppe sind:

- Agrarbiologie
- Agrarökonomie
- Agrarwirtschaft / Agrarwissenschaft
- Ernährungswissenschaft
- Forstwirtschaft / Forstwissenschaft
- Gartenbau
- Getränketechnologie
- Haushaltswissenschaft / Haushaltstechnik
- Holzwirtschaft
- Landbau / Landwirtschaft
- Landschaftsplanung / Landschaftspflege
- Lebensmitteltechnologie
- Ökologie und Umweltwissenschaften
- Stadtplanung und Regionalentwicklung
- Weinbau

Die Agrar-, Forst- und Ernährungswissenschaften einschließlich Ökologie können entweder an den wissenschaftlichen Hochschulen oder an Fachhochschulen studiert werden. Das Studium an Universitäten dauert etwa fünf bis sieben Jahre. An Fachhochschulen sind etwa dreieinhalb bis vier Jahre (Bachelor) bzw. fünf bis sechs Jahre (bei sich anschließendem Master) obligatorisch. Studienabschlüsse sind der Bachelor- plus ggf. der Mastergrad.

Bei dieser Fächergruppe benötigt man eine Begabung für naturwissenschaftliche Fächer, wie etwa Physik, Chemie, Biologie und Mathematik. Ebenfalls wichtig sind

Interesse an Natur und Umwelt, Hand- und Fingergeschick, technisches Verständnis sowie körperliche Belastbarkeit.

Den Absolventen bieten sich entsprechend ihren Schwerpunktfächern berufliche Tätigkeiten bei land- und forstwirtschaftlichen Behörden, bei Landschafts- und Siedlungsbehörden, in Verbraucher- und Kontrolleinrichtungen, in Industriebetrieben, in landschaftsgestaltenden Unternehmen oder als selbstständige Raum-, Landschafts- und Umweltplaner.

5. Medizinische Fächer

Die medizinischen Fächer, die sich mit dem gesunden und kranken menschlichen und tierischen Organismus, vor allem mit den Erscheinungsformen von Krankheiten und deren Erkennung, Behandlung und Verhütung befassen, sind ebenfalls naturwissenschaftlich orientiert.

Es gibt drei verschiedene medizinische Fächer: Humanmedizin (Heilkunde vom Menschen), Tiermedizin (Tierheilkunde) und Zahnmedizin. Jedes dieser Fächer ist wiederum in einzelne Spezialgebiete unterteilt.

Grundlage des Medizinstudiums sind die naturwissenschaftlichen Fächer Chemie, Biologie, Physik und Mathematik. Immer wichtiger werden auch die technischen und ingenieurwissenschaftlichen Fächer, die sich mit neuen technischen Geräten und Verfahren bei der Erkennung und Behandlung von Krankheiten befassen. Eine wichtige Hilfswissenschaft ist die Psychologie, da eine Reihe menschlicher Erkrankungen ihre Ursache in seelischen oder sozialen Problemen hat.

Das Studium der Medizin ist nur möglich an Universitäten und an speziellen medizinischen Hochschulen. Es ist eine der längsten Universitätsausbildungen. Bis zum Studienabschluss und zur Approbation sind für Humanmedizin etwa sechseinhalb bis sieben Jahre zu veranschlagen, es folgt in der Regel eine mehrjährige Facharztausbildung.

Für das Medizinstudium sind vor allem folgende Voraussetzungen besonders wichtig: gute naturwissenschaftliche Begabung, räumliches Vorstellungsvermögen, Kommunikationsfähigkeit und Einfühlungsvermögen sowie körperliche und seelische Belastbarkeit.

Ärzte arbeiten überwiegend in eigener Praxis als Allgemeinmediziner oder als Fachärzte. Daneben gibt es Beschäftigungsmöglichkeiten als (angestellte) Krankenhausärzte, als Betriebsärzte und im Gesundheitsdienst (z. B. Gesundheitsamt).

6. Technische und ingenieurwissenschaftliche Fächer

Zu dieser Gruppe gehören eine Vielzahl von Einzelfächern, die sich mit der Entwicklung technischer Abläufe beschäftigen, technische Maschinen, Geräte und Werkzeuge entwickeln oder technische Prozesse steuern, Technik weiterentwickeln, die Anwendung der Technik auf neue Bereiche erproben und technisches Denken entwickeln.

Die technischen und ingenieurwissenschaftlichen Fächer sind aus den Naturwissenschaften entstanden. Viele Maschinen und Geräte sind natürlichen Abläufen nachgebaut oder versuchen, natürliche Prozesse in technische Verfahren umzusetzen. Vor diesem Hintergrund ist es einleuchtend, dass diese Fächer einen engen Bezug zu den klassischen naturwissenschaftlichen Fächern wie Physik, Chemie, Biologie und vor allem zur Mathematik haben. In den letzten Jahren ist eine immer engere Verbindung zur Informatik und Elektronik festzustellen. Sehr wichtig ist auch der Bezug zur Umwelt geworden. Technische Geräte, Maschinen und Materialien sollen umweltverträglich sein, und mithilfe technischer Möglichkeiten soll die Umwelt geschont werden.

Die Fächergruppe umfasst folgende Einzeldisziplinen, die entweder an Universitäten oder zum Teil auch an Fachhochschulen studiert werden können:

- Architektur / Städtebau
- Bauingenieurwesen
- Bekleidungs- / Textiltechnik
- Bergbau / Rohstoffingenieurwesen
- Biomedizinische Technik
- Biotechnologie
- Chemieingenieurwesen
- Druck- und Medientechnik
- Elektrotechnik
- Feinwerktechnik
- Gießereitechnik
- Informatik
- Kunststofftechnik
- Maschinenbau / Maschinentechnik (mit vielen Unterfächern wie Fahrzeugtechnik, Fertigungstechnik, Konstruktionstechnik, Luft- und Raumfahrttechnik, Schiffstechnik usw.)
- Produktionstechnik

- Umwelttechnik / Recycling
- Verfahrenstechnik
- Vermessungswesen (Geodäsie)
- Versorgungstechnik / Entsorgungstechnik
- Wasserbau
- Werkzeugtechnik

Ein Bachelorstudiengang an Universitäten dauert in der Regel drei Jahre (sechs Semester), an Fachhochschulen etwa dreieinhalb bis vier Jahre (sieben oder acht Semester, zuzüglich der Zeit für ein vorheriges Praktikum). Für einen daran anschließenden Masterstudiengang müssen an Universitäten zwei weitere Jahre (vier Semester) veranschlagt werden. An Fachhochschulen sind die Masterstudiengänge entweder auf eineinhalb oder zwei Jahre (drei oder vier Semester) angelegt.

Um ein technisches oder ingenieurwissenschaftliches Fach erfolgreich zu bewältigen, benötigt man Hand- und Fingergeschick, sehr gute mathematische und physikalische Begabung, gutes räumliches Vorstellungsvermögen, Verständnis für Zahlen und technische Zusammenhänge sowie Interesse an der Arbeit mit Maschinen und technischen Anlagen. Wer handwerklich geschickt ist und in Schulfächern wie Physik, Mathematik, Zeichnen und Werken erfolgreich war, sollte sich ein solches Studium zutrauen.

Ingenieure haben ein breites Berufs- und Tätigkeitsfeld, das von Industriebetrieben über Behörden bis hin zu selbstständigen und freiberuflichen Möglichkeiten reicht. Überall, wo es um technische Neuentwicklungen, um den Einsatz der Technik oder um technische Abläufe oder Fragen geht, trifft man auf technisch ausgebildete Hochschulabsolventen.

7. Rechtswissenschaft, Wirtschafts- und Gesellschaftswissenschaften

Diese Fächer befassen sich im Allgemeinen mit den verschiedenen Aspekten des menschlichen Zusammenlebens.

Rechtswissenschaft (Jurisprudenz, deshalb auch Jura genannt) bezieht sich auf das Verständnis sowie die Auslegung und Weiterentwicklung von rechtlichen Fragen und Zusammenhängen. Hierzu gehört auch die Auseinandersetzung mit der Geschichte des Rechts, seiner Legitimation und Herleitung (Rechtsphilosophie) und seinen sozialen und politischen Auswirkungen. Immer wichtiger werden auch die Teilbereiche Rechtsvergleichung (Vergleich mehrerer Rechtssysteme), Europarecht, ferner internationales Recht.

Das Studium der Rechtswissenschaft ist nur an Universitäten möglich. Veranschlagt werden für Studium und erste juristische Staatsprüfung neun bis zehn Semester. Danach folgt üblicherweise ein Referendariat.

Wirtschaftswissenschaften ist der Oberbegriff für mehrere Studienfächer, die sich mit wirtschaftlichen Fragen, Abläufen, Entwicklungen und Entscheidungen beschäftigen. Hierbei stehen staatliche Entscheidungen und wirtschaftliches Handeln von Unternehmen und Konsumenten im Vordergrund. Je nach Studienfach liegt der Schwerpunkt mehr auf der Gesamtwirtschaft und ihren internationalen Bezügen (Volkswirtschaftslehre, abgekürzt VWL) oder mehr auf den einzelnen Teilen der Wirtschaft, z. B. den Unternehmen (Betriebswirtschaftslehre, abgekürzt BWL), oder auf der Vermittlung wirtschaftlichen Wissens (Wirtschaftspädagogik). Das Studium der Wirtschaftswissenschaften verbindet Teile der BWL und VWL zu einem eigenen Fach.

Die Wirtschaftswissenschaften können an Universitäten (VWL, BWL, Wirtschaftspädagogik) und an Fachhochschulen (nur Betriebswirtschaft, VWL nur an zwei bis drei Hochschulen) studiert werden. An Fachhochschulen werden auch Studiengänge in Wirtschaftsrecht angeboten, die rechts- und wirtschaftswissenschaftliche Inhalte vermitteln.

Die Studienzeit beträgt in universitären Bachelorstudiengängen in der Regel drei Jahre (sechs Semester), an Fachhochschulen dreieinhalb oder vier Jahre (sieben oder acht Semester). Für einen Mastergrad sind an Universitäten zwei weitere Jahre (vier Semester) zu veranschlagen. Fachhochschulen bieten Masterstudiengänge von in der Regel eineinhalb- oder zweijähriger Dauer an (drei oder vier Semester).

Die *Gesellschaftswissenschaften* befassen sich mit allen Erscheinungsformen, Entwicklungen und Problemen des Menschen als gesellschaftlichem Wesen, vor allem unter dem Gesichtspunkt der Menschen als gesellschaftliche Gruppen und soziale Schichten einschließlich der Konfliktstrategien und Konfliktbewältigungen (z. B. Soziologie), oder mit dem Menschen als Subjekt und Objekt politischer Prozesse und Entscheidungen und mit den Rahmenbedingungen politischen Handelns (Politologie).

Das Studium dieser Fächergruppe ist an Universitäten und an einigen anderen wissenschaftlichen Hochschulen möglich. Für das Studium sollten etwa fünf bis sechs Jahre einkalkuliert werden.

Die Gruppe *Rechtswissenschaft, Wirtschafts- und Gesellschaftswissenschaften* umfasst folgende Einzelfächer:

- Betriebswirtschaftslehre
- Politikwissenschaft
- Rechtswissenschaft

- Sozialwissenschaft
- Soziologie
- Sozioökonomie
- Statistik (Hilfswissenschaft für die Wirtschafts- und Gesellschaftswissenschaften)
- Technische Betriebswirtschaftslehre
- Verwaltungswissenschaft
- Volkswirtschaftslehre
- Wirtschaftsingenieurwesen (Verbindung von Wirtschaftswissenschaften und Ingenieurwissenschaften)
- Wirtschaftspädagogik
- Wirtschaftsrecht
- Wirtschaftswissenschaften (Verbindung von VWL und BWL)

Studierende benötigen für das Studium dieser Fächer Kommunikationsfähigkeit und sprachliches Ausdrucksvermögen, Spaß am Arbeiten mit Zahlen und Daten, Interesse für wirtschaftliche Fragestellungen und Abläufe oder für rechtliche Fragen. Von Juristen wird gesagt, dass sie gute Leistungen in den Schulfächern Deutsch, Mathematik und Latein gehabt haben sollten. Bei den Wirtschaftswissenschaften werden Begabungen in Mathematik, Deutsch und Wirtschaftskunde für wichtig erachtet. Wer kein Interesse an wirtschaftlichen Fragen hat und noch nie den Wirtschaftsteil einer Zeitung gelesen hat, sollte diese Studienwahl nicht treffen.

Bei den Gesellschaftswissenschaften ist ein Interesse an Fächern wie Sozialkunde und Geschichte hilfreich. Auch eine mathematische Grundbegabung ist von Vorteil, weil in diesen Fächern Statistik eine Rolle spielt.

Juristen sind entweder im Justizdienst als Richter und Staatsanwälte, freiberuflich als Notare, Rechtsanwälte und Steuerberater oder angestellt in Behörden oder Unternehmen tätig.

Wirtschaftswissenschaftler findet man überall, wo es um Wirtschaftsplanung, Geld oder Zahlen geht. Sie arbeiten im kaufmännischen Bereich von Banken und Versicherungen, von Industrie- und Handelsbetrieben, in Behörden oder als selbstständige Unternehmer oder freiberuflich, z. B. als Steuerberater, Wirtschaftsprüfer oder Unternehmensberater.

Gesellschaftswissenschaftler haben hingegen kein fest umrissenes Berufsfeld. Sie suchen Tätigkeiten in den Medien, bei staatlichen Behörden, in der Politik und Politikberatung, in der Erwachsenenbildung und in der Presse- und Öffentlichkeitsarbeit.

8. Sozialwesen, Psychologie, Pädagogik und Erziehungswissenschaft

Diese Fächergruppe ist mit den Gesellschaftswissenschaften eng verbunden. Während die Gesellschaftswissenschaften gesellschaftliche Entwicklungen und Probleme vorwiegend theoretisch untersuchen, befasst sich das Sozialwesen mehr mit der praktischen Bewältigung sozialer Probleme. Es versucht, Menschen in individuellen Notlagen Hilfe zu geben, sie zu verantwortlichem Handeln anzuleiten und Wissen über die Zusammenhänge von gesellschaftlichen Konflikten und deren Lösungen anderen Menschen zu vermitteln.

Das Sozialwesen umfasst die Fächer Sozialarbeit (Fachhochschulstudium), Sozialpädagogik (an wissenschaftlichen Hochschulen und an Fachhochschulen) und Kirchliche Bildungsarbeit (vor allem an konfessionellen Fachhochschulen). Das Studium an der Universität dauert etwa fünf Jahre (dreijähriges Bachelor- plus zweijähriges Masterstudium) und verbindet theoretische und praktische Fächer. An Fachhochschulen ist ein Bachelorstudiengang in der Regel auf dreieinhalb Jahre angelegt, Masterstudiengänge entweder auf eineinhalb oder zwei Jahre.

Von Sozialarbeitern, Sozialpädagogen und Psychologen wird erwartet, sich in die Probleme anderer Menschen hineindenken zu können und Lösungen für diese Probleme zu finden, ferner sicher mit anderen Menschen umzugehen und sich stets auf neue Situationen und andere Menschen einstellen zu können. Deshalb sind hohe psychische Belastbarkeit, Kontaktfähigkeit und Kontaktfreude, viel Einfühlungsvermögen in die soziale Situation anderer Menschen, die Fähigkeit zum Zuhören und Handlungsbereitschaft erforderlich. Gefragt ist viel Idealismus in der Sache (anderen Menschen helfen zu wollen).

Absolventen dieser Studiengänge findet man in der Familienfürsorge, in der Jugend- und Sozialhilfe, in der Strafrechtshilfe, in der Leitung von pädagogischen Einrichtungen oder in städtischen Behörden, die in sozialen Fragen beraten. Sie arbeiten auch in Bildungs- und Weiterbildungseinrichtungen und, was eher für Psychologen gilt, in Unternehmen, hier vor allem im Personalwesen und in der betrieblichen Fortbildung.

Die Pädagogik hat ein weites Einsatzfeld: von der Pädagogik des Kindes bis zur Pädagogik des alten Menschen, von der schulischen Bildung bis zur beruflichen Weiterbildung.

Den Schwerpunkt der pädagogischen Fächer bilden die sogenannten Lehramtsfächer. In Deutschland werden Lehrerinnen und Lehrer für bestimmte Schularten ausgebildet:

- Lehramt an Grund- und Hauptschulen
- Lehramt an Sonderschulen (Sonderpädagogik)

- Lehramt an Realschulen
- Lehramt an Gymnasien
- Lehramt an beruflichen / berufsbildenden Schulen

Die Lehramtsausbildung umfasst die Kombination von zwei oder drei Fächern, allgemeine Pädagogik (Grundlagen der Pädagogik, Schulpädagogik, psychologische Pädagogik, gesellschaftskundliche Fächer), die auf das jeweilige Fach ausgerichtete pädagogische Vermittlung (fachwissenschaftlich-didaktische Ausbildung) sowie verschiedene Schulpraktika. Auf die Ausbildung an den Hochschulen (Universitäten, Pädagogischen Hochschulen sowie in Einzelfällen an Musik- und Kunsthochschulen) folgt nach dem Bachelor und Master of Education oder dem Staatsexamen eine, je nach Bundesland, 18- bis 24-monatige Vorbereitungsphase, auch Referendariat genannt.

Die Gruppe der Lehramtsfächer umfasst folgende Einzelfächer (alle Schulstufen):

- Bildende Kunst / Werken
- Deutsch
- Erdkunde
- Mathematik
- Musik
- Religionslehre
- Sozialkunde
- Sport

Hinzu kommen je nach Schulart folgende Fächer:

- Biologie
- Chemie
- Englisch
- Französisch
- Geschichte
- Griechisch
- Hauswirtschaft
- Informatik
- Latein
- Physik
- Wirtschaftslehre
- andere europäische Fremdsprachen

Die Fächer der Sonderpädagogik umfassen Blindenpädagogik, Sehbehindertenpädagogik, Gehörlosenpädagogik, Schwerhörigenpädagogik, Geistigbehindertenpädagogik, Körperbehindertenpädagogik, Lernbehindertenpädagogik, Sprachbehindertenpädagogik, Verhaltensgestörtenpädagogik einschließlich Soziologie, Psychologie und Recht der Behinderten.

Für das Lehramt an beruflichen/berufsbildenden Schulen werden Berufsschullehrerinnen und Berufschullehrer ausgebildet, die theoretische Kenntnisse und fachpraktische Fertigkeiten für spätere Berufe vermitteln. Je nach Berufsfeld gibt es verschiedene Ausrichtungen: Technik, Naturwissenschaften, Ernährungs- und Hauswirtschaft, Landwirtschaft und Gartenbau, Sozialpädagogik, Gestaltung und Wirtschaft. Entweder werden zwei berufliche Fachrichtungen kombiniert oder ein berufliches Fach mit einem allgemeinbildenden wie etwa Deutsch, Englisch, Mathematik, Biologie, Chemie usw.

Da die Lehramtsausbildung Sache der einzelnen Bundesländer ist, ergeben sich, was Fächerkombinationen, Dauer der Ausbildung und Prüfungen anbelangt, zum Teil erhebliche Unterschiede. Das Gleiche gilt für die künftigen Berufsperspektiven.

Auch für die Fächer der Gruppe Pädagogik und Erziehungswissenschaften wird erwartet, dass man sich in die Probleme anderer Menschen hineindenken kann, geduldig ist, mit anderen Menschen umgehen kann und dass man sich stets auf neue Situationen und andere Menschen einstellen und ihnen Sachverhalte vermitteln kann.

Beim Lehramt an Schulen ist es neben der Begabung für die jeweiligen Schulfächer wichtig, eine natürliche pädagogische Veranlagung zu haben, sich allgemein verständlich ausdrücken zu können und viel Geduld zu üben.

Pädagogen und Erziehungswissenschaftler arbeiten in erster Linie im staatlichen Schuldienst. Daneben sind sie in der Erwachsenenbildung und in Bildungseinrichtungen von Kirchen, Verbänden und Unternehmen, aber auch (vor allem die Wirtschaftspädagogen) in der betrieblichen Weiterbildung tätig.

9. Informationswissenschaften

Die Informationswissenschaften beschäftigen sich damit, Informationen zu beschaffen, zu sammeln, zu verarbeiten und weiterzugeben. Diese Informationen werden dann entweder speziellen Benutzern zur Verfügung gestellt oder in den Medien (Zeitungen, Zeitschriften, Fernsehen, Hörfunk, Internet) verbreitet. Zu dieser Gruppe gehören auch Fächer, die sich theoretisch mit der menschlichen Kommunikation beschäftigen. Die Informationswissenschaften stehen in engem Bezug zu einigen technischen Fächern, deren Methoden und Verfahren (z. B. Elektronik und Computer) sie für die Informationsverarbeitung und -verbreitung verwenden.

Die Gruppe umfasst folgende Einzelfächer:

- Bibliotheks- und Informationswissenschaft
- Buchwissenschaft
- Computerlinguistik
- Dokumentation
- Journalistik
- Publizistik
- Kommunikationswissenschaft
- Medienwissenschaft

Das Studium dieser Fächer ist vorwiegend an Universitäten möglich, Journalismus und Bibliotheks- und Informationswissenschaft kann auch an Fachhochschulen studiert werden. Die Studiendauer liegt in universitären Bachelorstudiengängen bei drei Jahren, an Fachhochschulen bei dreieinhalb Jahren. Die darauf aufbauenden Masterstudiengänge sind an Universitäten auf zwei Jahre, an Fachhochschulen auf eineinhalb oder zwei Jahre angelegt.

Bei den Informationswissenschaften sind folgende Dinge wichtig: gründliches Arbeiten, keine Angst vor Zahlen- und Datenmengen und sprachliche Ausdrucksfähigkeit. Außerdem spielen die modernen elektronischen Systeme eine immer größere Rolle bei der Beschaffung, Strukturierung, Auswertung und Weiterleitung von Daten und Informationen.

Gute Journalisten und andere Medienspezialisten sollten Folgendes beherrschen: komplizierte Vorgänge verstehen, allgemein verständlich schreiben, verlässlich recherchieren, notwendige Überzeugungsarbeit leisten und ihre Vorhaben durchsetzen. Besonders wichtig ist die Fähigkeit, unter Zeitdruck zu arbeiten.

Informationswissenschaftler findet man vor allem in den Medien, also bei Zeitungen und Zeitschriften, beim Rundfunk und beim Fernsehen, in Pressebüros und Dokumentationsstellen von Unternehmen und Behörden.

10. Freie und Angewandte Kunst

In der Fächergruppe, die aus einer größeren Zahl einzelner Fächer besteht, werden erstens künstlerisch hochbegabte Personen durch ein Hochschulstudium so weit ausgebildet, dass sie eigenständige künstlerische Arbeiten schaffen können. Zweitens werden Personen ausgebildet, die als Pädagogen künstlerisch Begabte an speziellen

Schulen fördern (z. B. an Kunsthochschulen), oder drittens Lehrer für das Fach Bildende Kunst an allgemeinbildenden Schulen.

Zur Gruppe Freie und Angewandte Kunst zählen folgende Studiengänge:

- Bildhauerei
- Bühnenbild
- Bühnenkostüm
- Design (u. a. Grafikdesign, Industrial Design, Modedesign)
- Druck
- Fotografie
- Film
- Gestaltung / Gestaltungstechnik
- Glasgestaltung
- Goldschmiedekunst / Silberschmiedekunst
- Grafik
- Innenarchitektur
- Keramik
- Malerei
- Restauration
- Textilgestaltung

Ausgebildet wird an Kunsthochschulen oder (bei Grafik, Gestaltung und Design) auch an Fachhochschulen. Mögliche Abschlüsse sind eine künstlerische Reifeprüfung, das Diplom sowie der Bachelor- und Mastergrad.

Die Voraussetzungen zum Studium bedürfen keiner besonderen Erläuterung, weil die Aufnahme in eines der Fächer nur nach einer umfangreichen Überprüfung der Begabung erfolgt.

Die Absolventen der künstlerischen Hochschulen sind, je nach abgeschlossenem Studienfach, entweder als freischaffende Künstler oder in entsprechenden künstlerischen Engagements tätig, ferner als Lehrer an allgemeinbildenden Schulen, als Dozenten an Kunsthochschulen oder als angestellte Gestalter / Designer in Unternehmen.

11. Musik

In der Fächergruppe, die aus einer Reihe von Fächern besteht, werden erstens musikalisch hochbegabte Personen durch ein Hochschulstudium so weit ausgebildet, dass sie eigenständige musikalische Leistungen erbringen können, sei es als Sänger/-in in einem Chor oder als Solosänger/-in, als Instrumentalmusiker/-in in einem Orchester oder solistisch oder als Kirchenmusiker/-in. Zudem werden Personen ausgebildet, die als Pädagogen an Musikschulen ausbilden oder als Lehrer/-in für Musikerziehung an allgemeinbildenden Schulen tätig sind.

Die Fächergruppe umfasst folgende Einzelfächer:

- Chor- und Orchesterleitung
- Dirigieren
- Instrumente und Gesang
- Kirchenmusik
- Komposition
- Musical
- Musikerziehung
- Musiktheorie
- Oper (Solo- und Chorgesang)
- Regie (Oper und Schauspiel)
- Rhythmik
- Schauspiel
- Szenisches Schreiben
- Tanz
- Tanzpädagogik für Berufs- und Laientanz
- Tonmeister

Ausgebildet wird an Musikhochschulen. Das Studium dauert etwa fünf bis sieben Jahre. Mögliche Abschlüsse sind entweder die musikalische Reifeprüfung, ein Diplom, ein Konzertexamen oder ein Bachelor- und Masterabschluss.

Die Voraussetzungen zum Studium bedürfen keiner besonderen Erläuterung, weil die Aufnahme in eines der Fächer nur nach einer umfangreichen Überprüfung der Begabung erfolgt.

Die Absolventen der Musikhochschulen sind, je nach abgeschlossenem Studienfach, entweder als freischaffende Musiker oder in entsprechenden Bühnen- und

Konzertengagements tätig, ferner als Lehrer an allgemeinbildenden Schulen oder an Kunst- oder Musikschulen.

12. Sport und Gesundheit

Sport umfasst das Fach Sport als Lehramtsstudiengang (Abschluss Bachelor und Master of Education oder Staatsexamen), fachlich breit angelegte Studiengänge der Sportwissenschaft und spezialisierte Bachelor- und Masterstudiengänge Sport, etwa »Sport, Gesundheit und Prävention«, »Sportmanagement«, »Sport, Erlebnis und Bewegung«, »Sport und Leistung« und »Sporttherapie«.

Sportstudiengänge können an der Sporthochschule in Köln sowie an vielen anderen Universitäten und für das Lehramt auch an einigen Pädagogischen Hochschulen studiert werden. Fachhochschulen bieten ausschließlich Sportmanagement an.

Wird Sportwissenschaft als wissenschaftliches Studium an Universitäten studiert, sind Schwerpunkte des Studiums Medizin und Physiologie, naturwissenschaftliche Grundlagen, Pädagogik sowie psychologische und gesellschaftswissenschaftliche Aspekte des Sports.

Das Studium dauert etwa drei Jahre im Bachelorstudiengang und weitere zwei Jahre im Masterstudiengang. Für das Sportstudium sind eine Aufnahmeprüfung in mehreren Sportarten (Mannschaftssportarten, Individualsportarten) und ein Zeugnis über die körperliche Eignung obligatorisch.

Angebotene Studiengänge:

- Sport als Lehramtsstudiengang
- Sportwissenschaft
- Spezialisierte Studiengänge wie »Sport, Gesundheit und Prävention«, »Sport und Bewegung im Kindes- und Jugendalter«, »Sports Technology«, »Sport und Leistung«, »Präventions-, Rehabilitations- und Fitnesssport«, »Sporttherapie«
- Sportökonomie / Sportmanagement

Sport-Hochschulabsolventen arbeiten bei großen Vereinen, als Funktionäre in Verbänden, in der Sportartikelbranche, als Manager von Sportlern oder in den Medien. Die Sportbranche ist weiter wachsend, daher sind die Beschäftigungsmöglichkeiten vielfältig.

Abgleich mit Test 3: Schulnoten

Nachdem Sie nunmehr eine erste Orientierung haben, in welche Richtung die Fächerwahl gehen könnte, machen wir einen Vergleich mit dem Test für die Schulnoten, um zu überprüfen, inwieweit sich die Ergebnisse decken. Tragen Sie das Ergebnis anschließend auf Seite 115 ein.

Wenn Sie eine Orientierung hatten für:	**dann sollten folgende Schulfächer zu Ihren Stärken zählen:**
Sprach-, literatur- und kulturwissenschaftliche Fächer	Deutsch, Sprachen, Geschichte, evtl. auch Philosophie
Theologische Fächer	Religionslehre, alte Sprachen, evtl. Geschichte
Mathematik und Naturwissenschaften	Mathematik, Physik, Chemie, Biologie (mindestens 2, besser 3 davon)
Agrar-, Forst- und Ernährungswissenschaften	Erdkunde, ferner Biologie, Mathematik, Physik, Chemie (mindestens 2 von den naturwissenschaftlichen Fächern)
Medizinische Fächer	Biologie, Physik, Chemie, Mathematik (mindestens 2, besser 3 davon)
Technische und ingenieurwissenschaftliche Fächer	Mathematik, Technik, Informatik
Rechtswissenschaft, Wirtschafts- und Gesellschaftswissenschaften	Wirtschaft, Sozialkunde, Deutsch
Sozialwesen, Psychologie, Pädagogik und Erziehungswissenschaften	Pädagogik, Sozialkunde, Deutsch
Informationswissenschaften	Informatik, Mathematik, evtl. auch Deutsch
Freie und Angewandte Kunst	Kunst, Werken
Musik	Musik
Sport und Gesundheit	Sport, Physik, Biologie

Einige grundsätzliche Anmerkungen an dieser Stelle

Wer trotz vieler Bemühungen in Fächern wie Mathematik oder Physik Schwierigkeiten hatte, sollte jedes ingenieurwissenschaftliche Studium meiden. Das Gleiche gilt für die naturwissenschaftlichen Fächer (Biologie, Chemie). Ohne eine grundlegende Begabung in mehreren Naturwissenschaften ist ein naturwissenschaftliches Studium zum Scheitern verurteilt.

Wer Probleme mit Deutsch oder mit Fremdsprachen hat, sollte sich nicht auf ein Studium sprach- und literaturwissenschaftlicher Fächer einlassen. Wer kein Interesse an wirtschaftlichen oder gesellschaftlichen Fragen hat, sollte auch nicht wirtschaftswissenschaftliche oder gesellschaftswissenschaftliche Fächer studieren. Ein Studium der Informatik ist ohne sehr gute mathematische Begabung und eine gewisse Begeisterung für Computer nicht möglich. Wer Schwächen in Deutsch und Mathematik hat, sollte die Finger von einem Jurastudium lassen.

Aus einer Stärken-Schwächen-Analyse für einzelne Schulfächer lassen sich also durchaus Rückschlüsse auf mögliche Studienfächer ziehen. Wer trotz vieler Bemühungen in einem Schulfach dauernd Schwierigkeiten hatte, sollte dieses Fach auf keinen Fall studieren. Das klingt zwar sehr einleuchtend, aber es gibt doch immer wieder Leute, die das trotzdem tun.

Wer in einem Schulfach stets gute oder sehr gute Leistungen vorzuweisen hat, kann sich dieses Schulfach durchaus als Studienfach zutrauen. Wir sehen aber auch, dass Begabung für ein bestimmtes Schulfach nicht zwangsläufig nur ein Studienfach in die engere Wahl stellt, sondern immer mehrere Fächer. Eine Begabung etwa in Mathematik zieht nicht zwangsläufig das Mathematikstudium nach sich, sondern ist eine gute Voraussetzung für eine Reihe von Studienfächern.

Vorsicht ist geboten, wenn jemand gute Leistungen in einem Schulfach hat und dieses studieren möchte, aber schlecht war in den benachbarten Fächern. In so einem Fall ist ein Scheitern nicht unwahrscheinlich. Biologie kann z. B. ein solches Studienfach sein. Man lernt Teilgebiete wie beispielsweise Verhaltenslehre und Ökologie kennen, die einen vielleicht sehr interessieren. Das Biologiestudium ist aber nur dann zu schaffen, wenn auch in Chemie, Physik und Mathematik entsprechende Begabungen vorhanden sind, weil Biologie an den Hochschulen eine klassische Naturwissenschaft ist.

Wer gerne Literatur liest oder sogar sich selbst als Literat/-in fühlt, neigt vielleicht dazu, Germanistik zu studieren. Dieses Studium ist aber auf Analyse und Interpretation von Literatur ausgerichtet.

Bei der Studienwahl geht es also darum, nicht nur vom einzelnen Schulfach, sondern von Schulfächern auszugehen, die eng miteinander verbunden sind.

Test 5
Die richtigen Fächer herausfinden

Nachdem Sie im vorigen Test ermitteln konnten, für welche Fächergruppe Sie das größte Interesse mitbringen und wahrscheinlich auch die besten Voraussetzungen haben, geht es jetzt um die Frage, welches Fach oder welche Fächer aus dieser Fächergruppe Ihnen am besten liegen.

Auch für diesen Test machen Sie bitte ein Gedankenexperiment
Sie möchten an Lehrveranstaltungen teilnehmen, die jede Woche zwei Stunden lang unter Leitung eines Dozenten stattfinden. Die Gruppe umfasst etwa 25 Studierende. Der Dozent gibt Erläuterungen zu dem Thema. Sie machen sich Notizen. Von Ihnen wird erwartet, dass Sie sich vor der Lehrveranstaltung in der Bibliothek oder über das Internet in das Thema einlesen und Sie nach der Lehrveranstaltung erneut in die Bibliothek oder ins Internet gehen und dort Zusätzliches zum Thema nachlesen. Während der Veranstaltung ist Ihre aktive Teilnahme gefordert. Sie können Fragen zum Thema stellen und sollen auch an der Diskussion teilnehmen. Um einen Leistungsnachweis zu bekommen, müssen Sie eine etwa 25-seitige Hausarbeit verfassen. Hierfür müssen Sie die neueste Fachliteratur zu der Thematik lesen, sich wichtige Dinge hieraus exzerpieren, vorher eine Gliederung anfertigen und anschließend den Text schreiben. Die wichtigsten Aspekte Ihrer Arbeit stellen Sie dann in Form eines Referats in einer der Lehrveranstaltungen vor, indem Sie eine Viertelstunde vortragen und anschließend Fragen des Dozenten und der Mitstudierenden beantworten.

Sie werden jetzt mit einer Reihe solcher Lehrveranstaltungen konfrontiert. Im Gegensatz zu dem Fächergruppentest, bei dem es Ihnen recht leicht gefallen ist, spontan zu entscheiden, an welcher Thematik Sie überhaupt kein Interesse haben, wird Ihnen dies hier etwas schwerer fallen, da es sich ja um »Ihre« Fächergruppe handelt, an der Sie generell ein Interesse haben. Deshalb vergegenwärtigen Sie sich noch einmal die Ausgangslage: Sie müssen viel Zeit und Arbeit investieren, um sich das Thema zu erarbeiten und um den Kurs erfolgreich zu beenden. Ihre aktive Teilnahme ist in jeder Stunde gefragt. Die Anfertigung der Hausarbeit bzw. des Referates wird Sie einige Wochen und möglicherweise auch das ein oder andere Wochenende beschäftigen. Das geht natürlich nur bei Interesse an dem Thema. Für diesen wichtigen Test müssen Sie etwa eine bis eineinhalb Stunden einkalkulieren.

Wichtig: Bei diesem Test kommt es nicht darauf an, dass Sie bereits viel von der Materie verstehen, die in der jeweiligen Veranstaltung bearbeitet wird, und auch nicht darauf, ob Sie sich den Besuch zutrauen, sondern nur darauf, dass Sie sich jeweils fragen, ob Sie Interesse an der Thematik haben oder nicht.

Wenn Sie bei den folgenden Themen …

A ankreuzen, bringen Sie zum Ausdruck, dass Sie an dieser Lehrveranstaltung *unbedingt* oder *sehr gerne* teilnehmen würden.

B ankreuzen, bringen Sie zum Ausdruck, dass Sie es *interessant* fänden, an dieser Lehrveranstaltung teilzunehmen.

C ankreuzen, bedeutet dies, dass Sie diese Lehrveranstaltung *nicht uninteressant*, aber auch *nicht besonders interessant* finden.

D ankreuzen, sagt das aus, dass Sie sich *kaum vorstellen* könnten, an dieser Veranstaltung mit Interesse teilzunehmen.

E ankreuzen, bringen Sie zum Ausdruck, dass Sie diese Lehrveranstaltung *unter keinen Umständen* besuchen möchten.

Suchen Sie sich jetzt die Fächergruppe heraus, bei der Sie die höchste Punktzahl im vorigen Test erreicht haben, und geben Sie Ihre Interessenbekundung für folgende Lehrveranstaltungen an. Anschließend gehen Sie zu der Fächergruppe oder den Fächergruppen, bei der Sie eine ähnlich hohe Punktzahl erzielt haben, und geben dort Ihre Interessenbekundung an:

1. Interesse für sprach-, literatur- und kulturwissenschaftliche Fächer

1.	Antike Stoffe im klassischen Theater	A	B	C	D	E
2.	Ausgewählte Musikstücke von Heinrich Schütz	A	B	C	D	E
3.	Bautypen und Bautechnik in der griechischen Architektur	A	B	C	D	E
4.	Der lateinamerikanische Roman des 20. Jahrhunderts	A	B	C	D	E
5.	Einführung in die musikalische Harmonielehre	A	B	C	D	E
6.	Bertolt Brechts Techniken des epischen Theaters	A	B	C	D	E

7. Die Anfänge der deutschen Philosophie: Meister Eckhart	A	B	C	D	E
8. Die Darstellung der Frau in der persischen Literatur	A	B	C	D	E
9. Die Entstehung der altägyptischen Götterdynastien	A	B	C	D	E
10. Die Kunst der Renaissance: Architektur, Skulptur, Malerei	A	B	C	D	E
11. Die Revolution 1848/49 in Europa	A	B	C	D	E
12. Einführung in die Philosophie der Aufklärung: Kant, Fichte, Hegel	A	B	C	D	E
13. Dramaturgische Funktionen von Filmmusik	A	B	C	D	E
14. Einführung in das Wirtschaftsenglisch / Wirtschaftsfranzösisch	A	B	C	D	E
15. Einführung in die archäologische Feldforschung	A	B	C	D	E
16. Herrschaftliche Residenzen im Mittelalter	A	B	C	D	E
17. Einführung in die Geschichte, Ästhetik und Theorie des Theaters	A	B	C	D	E
18. Einführung in die mittelhochdeutsche Sprache	A	B	C	D	E
19. Das Menschenbild in der australischen Literatur der Gegenwart	A	B	C	D	E
20. Grundlagen der Sprach- und Übersetzungswissenschaft	A	B	C	D	E
21. Die Weimarer Nationalversammlung	A	B	C	D	E
22. Einführung in die Philosophie des Existenzialismus	A	B	C	D	E
23. Die Religionen der Ureinwohner Amerikas	A	B	C	D	E
24. Die Geschichte der antiken Welt von den Perserkriegen bis Alexander dem Großen	A	B	C	D	E
25. Techniken des Konferenzdolmetschens	A	B	C	D	E
26. Einführung in die Techniken von Kontrapunkt, Generalbass und Partiturspiel	A	B	C	D	E
27. Einführung in eine ausgewählte außereuropäische Sprache	A	B	C	D	E
28. Einübung der fremdsprachlichen Kompetenz und Übersetzungsübungen	A	B	C	D	E
29. Erlernen von Mitschreibtechniken für Dolmetscher	A	B	C	D	E
30. Essen und Trinken im alten Griechenland und Rom	A	B	C	D	E
31. Europa im Zeitalter der Ottonen und Salier	A	B	C	D	E
32. Fachsprachliche Übersetzungsübungen im Sprachlabor	A	B	C	D	E
33. Einführung in die philosophische Ethik	A	B	C	D	E

34. Geschlecht und Geschichte: Mann und Frau in der antiken Welt	A B C D E
35. Goethes Schriften zu Kunst und Literatur	A B C D E
36. Göttervorstellungen und Mythen der Ureinwohner Neuseelands	A B C D E
37. Einführung in die Dramenanalyse	A B C D E
38. Grundlagen der antiken Philosophie (Sokrates, Platon, Aristoteles)	A B C D E
39. Grundlagen der deutschen Grammatik und des Satzbaus	A B C D E
40. Gustav Gründgens und das moderne deutsche Theater	A B C D E
41. Kultureller und sozialer Wandel in Afrika	A B C D E
42. Hexen, Räuber, Diebesbanden im 16. Jahrhundert. Gerichtliche Verfolgung und Prozesse	A B C D E
43. Große Werke der indischen Literatur	A B C D E
44. Kunst und Musik von Volksgruppen in Indonesien und Malaysia	A B C D E
45. Lektüre von Quellenschriften zur Musik	A B C D E
46. Literatur in der Bundesrepublik Deutschland und in der DDR 1969–1989	A B C D E
47. Vom Wiener Kongress bis zur Reichsgründung. Deutsche Geschichte 1814–1871	A B C D E
48. Moderne Lyrik	A B C D E
49. Selbstporträts von Künstlern	A B C D E
50. Mythen und Menschen. Themen römischer Sarkophage	A B C D E
51. Mythos, Kult und Magie in den Religionen der Südsee	A B C D E
52. Organisation einer Aufführung zeitgenössischer moderner Musik	A B C D E
53. Märchen aus Tausendundeiner Nacht	A B C D E
54. Paläste in Florenz: Bauten und Ausstattung	A B C D E
55. Jagd- und Ernährungsverhalten der Eismeerbewohner	A B C D E
56. Phonetik und Phonologie des Englischen (oder einer anderen Sprache)	A B C D E
57. Fremdsprachliche Übersetzung von Briefen und von Formularen	A B C D E
58. Sprache, Erkenntnis und Wahrheit in der neueren Philosophie	A B C D E
59. Szenisches Projekt: Einstudieren eines Theaterstücks	A B C D E

60. Die Malerei der Romantik	A B C D E
61. Die deutsche Exilliteratur 1933–1945	A B C D E
62. Überblick über die Aufführungstechniken im Theater	A B C D E
63. Molière und die klassische französische Komödie	A B C D E
64. Anglizismen und Fremdwörter in der deutschen Gegenwartssprache	A B C D E
65. Original, Kopie, Fälschung: Bestimmung von Kunstwerken	A B C D E
66. Von Sherlock Holmes zu Miss Marple: Der Detektivroman im 19. und 20. Jahrhundert	A B C D E

Berechnung

Zählen Sie jetzt die Punkte zusammen:

Wenn Sie ein **A** angekreuzt haben, notieren Sie **5** Punkte.
Wenn Sie ein **B** angekreuzt haben, notieren Sie **4** Punkte.
Wenn Sie ein **C** angekreuzt haben, notieren Sie **3** Punkte.
Wenn Sie ein **D** angekreuzt haben, notieren Sie **2** Punkte.
Wenn Sie ein **E** angekreuzt haben, notieren Sie **1** Punkt.

1.1) Notieren und addieren Sie die Punkte der folgenden Veranstaltungen, und notieren Sie die Gesamtpunktzahl:

Nr. 18: ___ 46: ___
35: ___ 61: ___
39: ___ 64: ___ Gesamtpunktzahl für **1.1)** = ___

1.2) Notieren und addieren Sie die Punkte der folgenden Veranstaltungen, und notieren Sie die Gesamtpunktzahl:

Nr. 1: ___ 56: ___
28: ___ 63: ___
48: ___ 66: ___ Gesamtpunktzahl für **1.2)** = ___

1.3) Notieren und addieren Sie die Punkte der folgenden Veranstaltungen, und notieren Sie die Gesamtpunktzahl:

Nr. 4: ___ 27: ___
8: ___ 43: ___
19: ___ 53: ___ Gesamtpunktzahl für **1.3)** = ___

1.4) Notieren und addieren Sie die Punkte der folgenden Veranstaltungen, und notieren Sie die Gesamtpunktzahl:

Nr. 14: ___ 29: ___
20: ___ 32: ___
25: ___ 57: ___ Gesamtpunktzahl für **1.4)** = ___

1.5) Notieren und addieren Sie die Punkte der folgenden Veranstaltungen, und notieren Sie die Gesamtpunktzahl:

Nr. 9: ___ 30: ___
15: ___ 34: ___
24: ___ 50: ___ Gesamtpunktzahl für **1.5)** = ___

1.6) Notieren und addieren Sie die Punkte der folgenden Veranstaltungen, und notieren Sie die Gesamtpunktzahl:

Nr. 11: ___ 31: ___
16: ___ 42: ___
21: ___ 47: ___ Gesamtpunktzahl für **1.6)** = ___

1.7) Notieren und addieren Sie die Punkte der folgenden Veranstaltungen, und notieren Sie die Gesamtpunktzahl:

Nr. 3: ___ 54: ___
10: ___ 60: ___
49: ___ 65: ___ Gesamtpunktzahl für **1.7)** = ___

1.8) Notieren und addieren Sie die Punkte der folgenden Veranstaltungen, und notieren Sie die Gesamtpunktzahl:

Nr. 2:		26:		
5:		45:		
13:		52:		Gesamtpunktzahl für **1.8**) =

1.9) Notieren und addieren Sie die Punkte der folgenden Veranstaltungen, und notieren Sie die Gesamtpunktzahl:

Nr. 7:		33:		
12:		38:		
22:		58:		Gesamtpunktzahl für **1.9**) =

1.10) Notieren und addieren Sie die Punkte der folgenden Veranstaltungen, und notieren Sie die Gesamtpunktzahl:

Nr. 6:		40:		
17:		59:		
37:		62:		Gesamtpunktzahl für **1.10) =**

1.11) Notieren und addieren Sie die Punkte der folgenden Veranstaltungen, und notieren Sie die Gesamtpunktzahl:

Nr. 23:		44:		
36:		51:		
41:		55:		Gesamtpunktzahl für **1.11) =**

Die meisten Punkte habe ich bei folgender Nummer: ________

Die zweitmeisten Punkte habe ich bei folgender Nummer: ________

Lesen Sie jetzt auf Seite 111 nach, welche Studienfächer für Sie infrage kommen.

2. Interesse für theologische Fächer

1.	Sexualität und Sünde im frühen Christentum	A B C D E
2.	Paulus in der Apostelgeschichte	A B C D E
3.	Grundfragen der religiösen Erziehung	A B C D E
4.	Neue Kirchenlieder im Gottesdienst	A B C D E
5.	Einführung in die hebräische Sprache	A B C D E
6.	Dogmatische Grundfragen im Katechismusunterricht	A B C D E
7.	Dietrich Bonhoeffer und seine Theologie	A B C D E
8.	Die Vermittlung des Christentums in einer pluralistischen Welt	A B C D E
9.	Die Seelsorge in den deutschen Diözesen	A B C D E
10.	Die Lehre Jesu von der Nächstenliebe	A B C D E
11.	Sakramentenkunde	A B C D E
12.	Die Zehn Gebote Gottes und ihre Vermittlung	A B C D E
13.	Das Markusevangelium	A B C D E
14.	Die Bedeutung der Bergpredigt für unsere Gesellschaft	A B C D E
15.	Jesu Botschaft von der Gotteslehre	A B C D E
16.	Aktuelle Fragen zur Gotteslehre	A B C D E

Berechnung
Zählen Sie jetzt die Punkte zusammen:

Wenn Sie ein **A** angekreuzt haben, notieren Sie **5** Punkte.
Wenn Sie ein **B** angekreuzt haben, notieren Sie **4** Punkte.
Wenn Sie ein **C** angekreuzt haben, notieren Sie **3** Punkte.
Wenn Sie ein **D** angekreuzt haben, notieren Sie **2** Punkte.
Wenn Sie ein **E** angekreuzt haben, notieren Sie **1** Punkt.

2.1) Notieren und addieren Sie die Punkte der folgenden Veranstaltungen, und notieren Sie die Gesamtpunktzahl:

Nr.		Nr.			
2:		9:			
4:		11:			
5:		13:			
7:		15:		Gesamtpunktzahl für **2.1)** =	

2.2) Notieren und addieren Sie die Punkte der folgenden Veranstaltungen, und notieren Sie die Gesamtpunktzahl:

Nr.		Nr.			
1:		10:			
3:		12:			
6:		14:			
8:		16:		Gesamtpunktzahl für **2.2)** =	

Die meisten Punkte habe ich bei folgender Nummer: ______

Lesen Sie jetzt auf Seite 111, welche Studienfächer für Sie infrage kommen.

3. Interesse für Mathematik und Naturwissenschaften

1.	Allgemeine und spezielle Relativitätstheorie	A	B	C	D	E
2.	Methoden zur Prüfung von Reinheit und Qualität von Lebensmitteln	A	B	C	D	E
3.	Technische neuronale Netze und deren Anwendung (z. B. Robotik)	A	B	C	D	E
4.	Überblick über die Vegetation und Pflanzenformation der Erde	A	B	C	D	E
5.	Die Entwicklungsbiologie von Pflanzen	A	B	C	D	E
6.	Modellierung digitaler Schaltungen	A	B	C	D	E
7.	Mechanische und thermische Verfahren in der Haltbarmachung von Lebensmitteln	A	B	C	D	E
8.	Magellansche Wolken, Sternsysteme, Galaxien und Sterne	A	B	C	D	E
9.	Grundlagen des Wachstums und Stoffwechsels von Mikroorganismen	A	B	C	D	E

10. Lösung linearer Gleichungssysteme	A	B	C	D	E
11. Schnelle parallele Algorithmen	A	B	C	D	E
12. Kartierung von geologischen Formationen im Gelände	A	B	C	D	E
13. Infinitesimalrechnung	A	B	C	D	E
14. Experimentierübungen in der organischen Chemie	A	B	C	D	E
15. Kursus der pharmazeutischen Fachbegriffe	A	B	C	D	E
16. Einführung in die Vektoranalysis	A	B	C	D	E
17. Methoden der Gen- und Biotechnologie	A	B	C	D	E
18. Grundlagen der Umwandlung und Nutzung von Energie	A	B	C	D	E
19. Einführung in die Tiefbohrungstechniken und -messungen	A	B	C	D	E
20. Elektrochemische und optische Analysemethoden	A	B	C	D	E
21. Grundlagen der Arzneiformenlehre	A	B	C	D	E
22. Indextechniken für Datenbanken	A	B	C	D	E
23. Karte und Luftbild als Arbeitsmittel in der Geografie	A	B	C	D	E
24. Die Chemie der wässrigen Lösungen	A	B	C	D	E
25. Einführung in die Wahrscheinlichkeitstheorie	A	B	C	D	E
26. Technische Möglichkeiten zur Entdeckung neuer Erdöl- und Erdgasfelder	A	B	C	D	E
27. Einführung in die Systematik von Bäumen und Sträuchern	A	B	C	D	E
28. Grundlagen der analytischen Trennungsmethoden in der Chemie	A	B	C	D	E
29. Pilzkunde: Speisepilze und Giftpilze	A	B	C	D	E
30. Einführung in die Physik der kondensierten Materie	A	B	C	D	E
31. Datenschutz und Datensicherheit bei multimedialen Systemen	A	B	C	D	E
32. Botanischer Grundkurs: Morphologie, Systematik und Bestimmung von Pflanzen	A	B	C	D	E
33. Einführung in die pharmazeutische Biologie	A	B	C	D	E
34. Die Nutzung von Hefepilzen für die Herstellung von Lebensmitteln	A	B	C	D	E
35. Einführung in die Lagerstättenkunde: Wirtschaftliche, technische und ökologische Bedeutung	A	B	C	D	E
36. Einführung in die klassische Mechanik und Elektrodynamik	A	B	C	D	E

37. Allgemeine Insektenkunde	A	B	C	D	E
38. Grundlagen der Inhaltsstoffe / Zusatzstoffe von Lebensmitteln	A	B	C	D	E
39. Einführung in die Gesteinskunde der Halbedelsteine	A	B	C	D	E
40. Anatomie und Entwicklung der Wirbeltiere	A	B	C	D	E
41. Einführung in die formale Logik	A	B	C	D	E
42. Einführung in die Drogenkunde	A	B	C	D	E
43. Die Chemie der Erdatmosphäre	A	B	C	D	E
44. Allgemeine Bodenkunde der Tropen und Subtropen	A	B	C	D	E
45. Biochemische Untersuchungsverfahren in der Lebensmittelchemie	A	B	C	D	E
46. Einführung in die Atom- und Molekularphysik	A	B	C	D	E
47. Analysis: Integral- und Differenzialrechnung	A	B	C	D	E
48. Digitale Bildverarbeitung und Computer-Sehen	A	B	C	D	E
49. Die Auswirkungen der Eiszeiten auf die mitteleuropäische Landschaft und Vegetation	A	B	C	D	E
50. Einführung in die pharmazeutische Chemie: Arzneistoffe und Arzneimittel	A	B	C	D	E
51. Grundlagen und Methoden der Wetterbeobachtung	A	B	C	D	E
52. Chemische Reaktionen in wasserähnlichen Lösungsmitteln	A	B	C	D	E
53. Überblick über die mathematischen und physikalischen Grundlagen der Lebensmittelchemie	A	B	C	D	E
54. Grundlagen der Siedlungsgeografie	A	B	C	D	E

Berechnung

Zählen Sie jetzt die Punkte zusammen:

Wenn Sie ein **A** angekreuzt haben, notieren Sie **5** Punkte.
Wenn Sie ein **B** angekreuzt haben, notieren Sie **4** Punkte.
Wenn Sie ein **C** angekreuzt haben, notieren Sie **3** Punkte.
Wenn Sie ein **D** angekreuzt haben, notieren Sie **2** Punkte.
Wenn Sie ein **E** angekreuzt haben, notieren Sie **1** Punkt.

3.1) Notieren und addieren Sie die Punkte der folgenden Veranstaltungen, und notieren Sie die Gesamtpunktzahl:

Nr. 10:		25:		
13:		41:		
16:		47:		Gesamtpunktzahl für **3.1**) =

3.2) Notieren und addieren Sie die Punkte der folgenden Veranstaltungen, und notieren Sie die Gesamtpunktzahl:

Nr. 5:		32:		
9:		37:		
17:		40:		Gesamtpunktzahl für **3.2**) =

3.3) Notieren und addieren Sie die Punkte der folgenden Veranstaltungen, und notieren Sie die Gesamtpunktzahl:

Nr. 14:		28:		
20:		43:		
24:		52:		Gesamtpunktzahl für **3.3**) =

3.4) Notieren und addieren Sie die Punkte der folgenden Veranstaltungen, und notieren Sie die Gesamtpunktzahl:

Nr. 1:		30:		
8:		36:		
18:		46:		Gesamtpunktzahl für **3.4**) =

3.5) Notieren und addieren Sie die Punkte der folgenden Veranstaltungen, und notieren Sie die Gesamtpunktzahl:

Nr. 12:		35:		
19:		39:		
26:		51:		Gesamtpunktzahl für **3.5)** =

3.6) Notieren und addieren Sie die Punkte der folgenden Veranstaltungen, und notieren Sie die Gesamtpunktzahl:

Nr. 2:		38:		
7:		45:		
34:		53:		Gesamtpunktzahl für **3.6)** =

3.7) Notieren und addieren Sie die Punkte der folgenden Veranstaltungen, und notieren Sie die Gesamtpunktzahl:

Nr. 15:		33:		
21:		42:		
29:		50:		Gesamtpunktzahl für **3.7)** =

3.8) Notieren und addieren Sie die Punkte der folgenden Veranstaltungen, und notieren Sie die Gesamtpunktzahl:

Nr. 3:		22:		
6:		31:		
11:		48:		Gesamtpunktzahl für **3.8)** =

3.9) Notieren und addieren Sie die Punkte der folgenden Veranstaltungen, und notieren Sie die Gesamtpunktzahl:

Nr. 4:		44:		
23:		49:		
27:		54:		Gesamtpunktzahl für **3.9)** =

Die meisten Punkte habe ich bei folgender Nummer: ________

Die zweitmeisten Punkte habe ich bei folgender Nummer: ________

Lesen Sie jetzt auf Seite 111 f. nach, welche Studienfächer für Sie infrage kommen.

4. Interesse für Agrar-, Forst- und Ernährungswissenschaften, Ökologie

1.	Einführung: Mikrobiologische Prozesse in Waldböden	A	B	C	D	E
2.	Aktuelle Entwicklungen in der Denkmalpflege	A	B	C	D	E
3.	Anatomie und Physiologie von Nutztieren	A	B	C	D	E
4.	Anlegung von Schutzzonen für Waldtiere	A	B	C	D	E
5.	Weinbau: Anbau, Standorte und Technologie	A	B	C	D	E
6.	Beteiligung von Bürgerinitiativen bei der Dorferneuerungsplanung	A	B	C	D	E
7.	Die Ernährung des kranken Kindes	A	B	C	D	E
8.	Einführung in die Abdichtungstechniken von Mülldeponien mit Lehmen und Tonen	A	B	C	D	E
9.	Die Bedeutung des nachwachsenden Rohstoffes Holz für die künftige Energieversorgung	A	B	C	D	E
10.	Einführung in den Bodenschutz: Verhalten von Schadstoffen im Boden	A	B	C	D	E
11.	Einführung in den Acker- und Pflanzenbau	A	B	C	D	E
12.	Städtebau- und Bauordnungsrecht	A	B	C	D	E
13.	Düngung und Qualität pflanzlicher Erzeugnisse	A	B	C	D	E
14.	Einführung in die Grünlandbewirtschaftung	A	B	C	D	E
15.	Einführung in die landwirtschaftliche Nutzung durch Intensivkulturen	A	B	C	D	E
16.	Einführung in die Organisation und Technik der Gemeinschaftsverpflegung	A	B	C	D	E
17.	Einführung in die Phytomedizin (Pflanzenkrankheiten und ihre Bekämpfung)	A	B	C	D	E
18.	Siedlungswasserwirtschaft und Abfallwirtschaft	A	B	C	D	E
19.	Einführung in die städtebauliche Planung	A	B	C	D	E
20.	Grundlagen des deutschen und europäischen Umweltrechts	A	B	C	D	E
21.	Marktchancen für umweltgerechte Holzprodukte	A	B	C	D	E
22.	Einführung in die allgemeine Ernährungslehre des Menschen	A	B	C	D	E

23. Mensch und Umwelt in nicht industrialisierten Ländern	A	B	C	D	E
24. Qualität von Obst und Gemüse und ihre Beeinflussung	A	B	C	D	E
25. Verfahren und Techniken der Nahrungsmittelzubereitung	A	B	C	D	E
26. Einführung in die Theorie und Methodik der Landschaftsplanung	A	B	C	D	E
27. Verminderung der CO_2-Emissionen durch verbesserte Filteranlagen	A	B	C	D	E
28. Grundlagen des Obst- und Gemüseanbaus	A	B	C	D	E
29. Möglichkeiten und Grenzen des biologischen Pflanzenschutzes	A	B	C	D	E
30. Einsatz von Waschmitteln und Reinigungsmitteln in Großküchen	A	B	C	D	E
31. Grundlagen der Holzernte und Wiederaufforstung	A	B	C	D	E
32. Grundlagen der Pflanzenkrankheiten und des Pflanzenschutzes	A	B	C	D	E
33. Aufgaben und Probleme der Stadtsanierung und Stadtentwicklung	A	B	C	D	E
34. Einführung in die umweltgerechte Waldwirtschaft	A	B	C	D	E
35. Spezielle Diäten und ihre Wirksamkeit	A	B	C	D	E
36. Grundlagen der Tierzüchtung: Zucht, Haltung und Fütterung von Nutztieren	A	B	C	D	E

Berechnung

Zählen Sie jetzt die Punkte zusammen:

Wenn Sie ein **A** angekreuzt haben, notieren Sie **5** Punkte.
Wenn Sie ein **B** angekreuzt haben, notieren Sie **4** Punkte.
Wenn Sie ein **C** angekreuzt haben, notieren Sie **3** Punkte.
Wenn Sie ein **D** angekreuzt haben, notieren Sie **2** Punkte.
Wenn Sie ein **E** angekreuzt haben, notieren Sie **1** Punkt.

4.1) Notieren und addieren Sie die Punkte der folgenden Veranstaltungen, und notieren Sie die Gesamtpunktzahl:

Nr. 3:		17:		
11:		29:		
14:		36:		Gesamtpunktzahl für **4.1**) =

4.2) Notieren und addieren Sie die Punkte der folgenden Veranstaltungen, und notieren Sie die Gesamtpunktzahl:

Nr.				
1:		21:		
4:		31:		
9:		34:		Gesamtpunktzahl für **4.2)** =

4.3) Notieren und addieren Sie die Punkte der folgenden Veranstaltungen, und notieren Sie die Gesamtpunktzahl:

Nr.				
2:		19:		
6:		26:		
12:		33:		Gesamtpunktzahl für **4.3)** =

4.4) Notieren und addieren Sie die Punkte der folgenden Veranstaltungen, und notieren Sie die Gesamtpunktzahl:

Nr.				
5:		24:		
13:		28:		
15:		32:		Gesamtpunktzahl für **4.4)** =

4.5) Notieren und addieren Sie die Punkte der folgenden Veranstaltungen, und notieren Sie die Gesamtpunktzahl:

Nr.				
7:		25:		
16:		30:		
22:		35:		Gesamtpunktzahl für **4.5)** =

4.6) Notieren und addieren Sie die Punkte der folgenden Veranstaltungen, und notieren Sie die Gesamtpunktzahl:

Nr.				
8:		20:		
10:		23:		
18:		27:		Gesamtpunktzahl für **4.6)** =

Die meisten Punkte habe ich bei folgender Nummer: ________

Die zweitmeisten Punkte habe ich bei folgender Nummer: ________

Lesen Sie jetzt auf Seite 112 nach, welche Studienfächer für Sie infrage kommen.

5. Interesse für medizinische Fächer

1.	Der Nachweis von Viren mit modernen histologischen Methoden	A	B	C	D	E
2.	Einführung in die Zahn-, Mund- und Kieferheilkunde des Menschen	A	B	C	D	E
3.	Einführung in die Behandlungsmöglichkeiten verletzter Tiere	A	B	C	D	E
4.	Vorstellung chirurgischer Eingriffe in der Zahnmedizin	A	B	C	D	E
5.	Grundlagen und Ursachen rheumatischer Erkrankungen	A	B	C	D	E
6.	Anatomie und Physiologie der Haustiere	A	B	C	D	E
7.	Einführung in die zahnärztliche Werkstoffkunde und in die Zahnersatzkunde	A	B	C	D	E
8.	Kursus der tiermedizinischen Fachbegriffe	A	B	C	D	E
9.	Einführung in die Geschichte der Medizin	A	B	C	D	E
10.	Medizinische Mikrobiologie für Tiermediziner	A	B	C	D	E
11.	Intensivbehandlung von Verletzungen des Menschen	A	B	C	D	E
12.	Techniken der konservativen Behandlung von Karies	A	B	C	D	E
13.	Grundlagen der Radiologie (Röntgendiagnostik, Strahlentherapie, Nuklearmedizin)	A	B	C	D	E
14.	Technik der Verbände und Gipsverbände bei Tieren	A	B	C	D	E
15.	Techniken der örtlichen Betäubungen in der Zahnmedizin	A	B	C	D	E
16.	Einführung in alternative Behandlungsmethoden für Tiere (Akupunktur)	A	B	C	D	E
17.	Grundlagen der Herz-, Thorax- und Gefäßerkrankungen	A	B	C	D	E
18.	Zahnärztlich-technische Behandlungsmöglichkeiten: Zahnerhaltung, Vorbeugung, Parodontologie	A	B	C	D	E

Berechnung

Zählen Sie jetzt die Punkte zusammen:

Wenn Sie ein **A** angekreuzt haben, notieren Sie **5** Punkte.
Wenn Sie ein **B** angekreuzt haben, notieren Sie **4** Punkte.
Wenn Sie ein **C** angekreuzt haben, notieren Sie **3** Punkte.
Wenn Sie ein **D** angekreuzt haben, notieren Sie **2** Punkte.
Wenn Sie ein **E** angekreuzt haben, notieren Sie **1** Punkt.

5.1) Notieren und addieren Sie die Punkte der folgenden Veranstaltungen, und notieren Sie die Gesamtpunktzahl:

Nr.				
1:		11:		
5:		13:		
9:		17:		Gesamtpunktzahl für **5.1)** =

5.2) Notieren und addieren Sie die Punkte der folgenden Veranstaltungen, und notieren Sie die Gesamtpunktzahl:

Nr.				
2:		12:		
4:		15:		
7:		18:		Gesamtpunktzahl für **5.2)** =

5.3) Notieren und addieren Sie die Punkte der folgenden Veranstaltungen, und notieren Sie die Gesamtpunktzahl:

Nr.				
3:		10:		
6:		14:		
8:		16:		Gesamtpunktzahl für **5.3)** =

Die meisten Punkte habe ich bei folgender Nummer: ________
Die zweitmeisten Punkte habe ich bei folgender Nummer: ________

Lesen Sie jetzt auf Seite 112 nach, welche Studienfächer für Sie infrage kommen.

6. Interesse für technische / ingenieurwissenschaftliche Fächer

1.	Überblick über neue korrosionsfreie Materialien für den Fahrzeugbau	A	B	C	D	E
2.	Einführung in die Vermessungskunde im Bergbau	A	B	C	D	E
3.	Die verschiedenen Typen von Wohngebäuden	A	B	C	D	E
4.	Techniken der Abdichtung von Deponien zum Schutz des Grundwassers	A	B	C	D	E
5.	Neue Kraftstoffe und Schmiermittel	A	B	C	D	E
6.	Modernes ökologisches Bauen bei Eigenheimen	A	B	C	D	E
7.	Konstruktionslehre von emissionsarmen Filterungssystemen	A	B	C	D	E
8.	Kolben- und Verbrennungsmotoren. Funktionsweise und Anwendungen	A	B	C	D	E

9. Halbleiterbauelemente und integrierte Schaltungen in der Nachrichtentechnik	A	B	C	D	E
10. Grundzüge der geodätischen Messverfahren und Instrumente	A	B	C	D	E
11. Grundlagen elektrischer Antriebssysteme bei Arbeitsmaschinen	A	B	C	D	E
12. Einführung in das Recycling von Werkstoffen	A	B	C	D	E
13. Grundlagen des Entwerfens und Bauens	A	B	C	D	E
14. Stoffumwandlung in der Verfahrenstechnik	A	B	C	D	E
15. Sicherheitstechniken beim Brand- und Explosionsschutz	A	B	C	D	E
16. Grundlagen der Fahrzeugtechnik	A	B	C	D	E
17. Grundlagen der Mess-, Steuer- und Regelungstechnik	A	B	C	D	E
18. Einführung in die Mikrotechnik in der Luft- und Raumfahrt	A	B	C	D	E
19. Grundlagen der Sensortechnik	A	B	C	D	E
20. Umweltrecht und Umweltschutznormen	A	B	C	D	E
21. Grundlagen der Elektrotechnik und der Energietechnik	A	B	C	D	E
22. Deponietechnik und Altlastensanierung	A	B	C	D	E
23. Grundlagen der Baukonstruktion und der Gebäudelehre	A	B	C	D	E
24. Baukonstruktion im Hoch- und Ingenieurbau	A	B	C	D	E
25. Antriebssysteme in der Luft- und Raumfahrttechnik	A	B	C	D	E
26. Einsatz von Stahlbeton und Spannbeton im Brückenbau	A	B	C	D	E
27. Mikroprozessoren und Mikrocomputer in der Automatisierungstechnik	A	B	C	D	E
28. Einführung in die Kartentechnik (kartografische Abbildungen, Kartenherstellung, Bearbeitung)	A	B	C	D	E
29. Einsatz von Keramiken bei Verbrennungsmotoren	A	B	C	D	E
30. Überblick über Hochtemperaturwerkstoffe	A	B	C	D	E
31. Einführung in die Messverfahren der Strömungs- und Wärmetechnik	A	B	C	D	E
32. Einführung in die Werkstoffkunde	A	B	C	D	E
33. Wärme- und Brennstofftechnik	A	B	C	D	E
34. Grundlagen der Umweltverfahrenstechnik	A	B	C	D	E
35. Einführung in die Technologie der Konstruktionswerkstoffe	A	B	C	D	E

36. Techniken der Luftbildaufnahme A B C D E

37. Grundlagen des rechnergestützten Konstruierens A B C D E

38. Einführung in die Strömungslehre von Flugzeugen A B C D E

39. Grundlagen der Satellitenbildtechnologie A B C D E

40. Einführung in die Messtechnik der optischen Nachrichtenübertragung A B C D E

41. Bautechniken im Tunnel- und Unterwassertunnelbau A B C D E

42. Berechnung und Konstruktion von Verbundwerkstoffen A B C D E

43. Einführung in den Apparate- und Anlagenbau A B C D E

44. Techniken des Bauzeichnens A B C D E

45. Einführung in die Abfallentsorgung und in das Recycling von industriellen Großbetrieben A B C D E

46. Grundlagen der Biotechnik, Medizin- und Membrantechnik A B C D E

47. Einführung in die Entstaubungstechniken A B C D E

48. Entwicklung energiesparender Nutzfahrzeuge A B C D E

49. Einsatz von Mikroprozessoren bei der Sicherheitstechnik A B C D E

50. Einführung in die Hochfrequenztechnik A B C D E

51. Einführung in die Hydraulik und Pneumatik von Fahrzeugen A B C D E

52. Einführung in die Hydromechanik und Hydraulik A B C D E

53. Überblick über die industrielle Steuerungstechnik A B C D E

54. Interpretation von Luftbild- und Satellitenaufnahmen A B C D E

55. Einführung in die Haustechnik (Heizung, Klima, Sanitär, Lärmschutz) A B C D E

56. Allgemeine Mechanik und Strömungslehre A B C D E

57. Bauphysik: Wärme- und Feuchtigkeitsschutz, Schallschutz, Brandschutz A B C D E

58. Auswertung von Bebauungsplänen A B C D E

59. Aufbau und Wirkungsweise von Kolben- und Strömungsmaschinen A B C D E

60. Allgemeine Konstruktionslehre von Gasturbinen und Strahltriebwerken A B C D E

Berechnung

Zählen Sie jetzt die Punkte zusammen:

Wenn Sie ein **A** angekreuzt haben, notieren Sie **5** Punkte.
Wenn Sie ein **B** angekreuzt haben, notieren Sie **4** Punkte.
Wenn Sie ein **C** angekreuzt haben, notieren Sie **3** Punkte.
Wenn Sie ein **D** angekreuzt haben, notieren Sie **2** Punkte.
Wenn Sie ein **E** angekreuzt haben, notieren Sie **1** Punkt.

6.1) Notieren und addieren Sie die Punkte der folgenden Veranstaltungen, und notieren Sie die Gesamtpunktzahl:

Nr.		Nr.			
3:		23:			
6:		44:			
13:		58:		Gesamtpunktzahl für **6.1**) =	

6.2) Notieren und addieren Sie die Punkte der folgenden Veranstaltungen, und notieren Sie die Gesamtpunktzahl:

Nr.		Nr.			
4:		41:			
24:		52:			
26:		57:		Gesamtpunktzahl für **6.2**) =	

6.3) Notieren und addieren Sie die Punkte der folgenden Veranstaltungen, und notieren Sie die Gesamtpunktzahl:

Nr.		Nr.			
14:		35:			
17:		46:			
33:		56:		Gesamtpunktzahl für **6.3**) =	

6.4) Notieren und addieren Sie die Punkte der folgenden Veranstaltungen, und notieren Sie die Gesamtpunktzahl:

Nr.		Nr.			
9:		40:			
19:		50:			
31:		53:		Gesamtpunktzahl für **6.4**) =	

6.5) Notieren und addieren Sie die Punkte der folgenden Veranstaltungen, und notieren Sie die Gesamtpunktzahl:

Nr. 1: ___ 29: ___
5: ___ 48: ___
16: ___ 51: ___ Gesamtpunktzahl für **6.5**) = ___

6.6) Notieren und addieren Sie die Punkte der folgenden Veranstaltungen, und notieren Sie die Gesamtpunktzahl:

Nr. 8: ___ 37: ___
11: ___ 42: ___
27: ___ 59: ___ Gesamtpunktzahl für **6.6**) = ___

6.7) Notieren und addieren Sie die Punkte der folgenden Veranstaltungen, und notieren Sie die Gesamtpunktzahl:

Nr. 7: ___ 22: ___
12: ___ 34: ___
20: ___ 47: ___ Gesamtpunktzahl für **6.7**) = ___

6.8) Notieren und addieren Sie die Punkte der folgenden Veranstaltungen, und notieren Sie die Gesamtpunktzahl:

Nr. 18: ___ 38: ___
25: ___ 49: ___
30: ___ 60: ___ Gesamtpunktzahl für **6.8**) = ___

6.9) Notieren und addieren Sie die Punkte der folgenden Veranstaltungen, und notieren Sie die Gesamtpunktzahl:

Nr. 2: ___ 36: ___
10: ___ 39: ___
28: ___ 54: ___ Gesamtpunktzahl für **6.9**) = ___

6.10) Notieren und addieren Sie die Punkte der folgenden Veranstaltungen, und notieren Sie die Gesamtpunktzahl:

Nr.			
15:		43:	
21:		45:	
32:		55:	Gesamtpunktzahl für **6.10)** =

Die meisten Punkte habe ich bei folgender Nummer: ________
Die zweitmeisten Punkte habe ich bei folgender Nummer: ________

Lesen Sie jetzt auf Seite 112 nach, welche Studienfächer für Sie infrage kommen.

7. Interesse für Rechtswissenschaft, Wirtschafts- und Gesellschaftswissenschaften

1.	Erarbeitung einer Studie: Freizeit- und Konsumverhalten von Jugendlichen	A	B	C	D	E
2.	Aufbau und Aktualisierung von Datenbanken in Betrieben	A	B	C	D	E
3.	Bilanzermittlung bei mittelständischen Unternehmen	A	B	C	D	E
4.	Das Menschenbild in diktatorischen Systemen	A	B	C	D	E
5.	Der Einsatz von EDV in der unternehmerischen Wirtschaft	A	B	C	D	E
6.	Der Zusammenhang von Wirtschaft und Technik	A	B	C	D	E
7.	Einführung in betriebliche Organisation, Personalwesen, Marketing	A	B	C	D	E
8.	Überblick über das europäische und internationale Geld- und Kreditwesen	A	B	C	D	E
9.	Einführung in das Jugend- und Familienrecht	A	B	C	D	E
10.	Einführung in die allgemeine und betriebliche Pädagogik	A	B	C	D	E
11.	Einführung in die Anwendungsprogrammierung in Betrieben	A	B	C	D	E
12.	Grundlagen der Elektrotechnik und Energietechnik	A	B	C	D	E
13.	Einführung in die Arbeitsmarkt- und Beschäftigungspolitik in Deutschland	A	B	C	D	E
14.	Betriebliche EDV-Systeme (Softwaretechnik, Datenbanken, Netze)	A	B	C	D	E
15.	Die Kosten- und Leistungsrechnung von Betrieben	A	B	C	D	E

16. Einführung in die Methoden der beruflichen Erwachsenenbildung	A B C D E
17. Einführung in die Methoden der empirischen Sozialforschung	A B C D E
18. Grundzüge des Strafprozessrechts und der Kriminologie	A B C D E
19. Einführung in die politische Theorie, Verfassungslehre und in die politische Praxis	A B C D E
20. Die Zukunft der Arbeitsgesellschaft	A B C D E
21. Einführung in Investition, Finanzierung, Produktionswirtschaft und Marketing von Betrieben	A B C D E
22. Frauen in Afghanistan: Gesellschaftliche und politische Stellung	A B C D E
23. Geschichte der politischen Ideen der Neuzeit	A B C D E
24. Einführung in die allgemeine Arbeitslehre	A B C D E
25. Grundlagen der Finanzbuchhaltung und des Rechnungswesens	A B C D E
26. Ökonomische Probleme von Schwellenländern und ihre wirtschaftliche Entwicklung	A B C D E
27. Organisation und Pflege von EDV-gestützten Daten	A B C D E
28. Die deutsche Außenpolitik der sozial-liberalen Koalition 1969–1982	A B C D E
29. Neue Rechtsprechung des Bundesverfassungsgerichts	A B C D E
30. Grundlagen der Kostenrechnung und der betrieblichen Steuerlehre	A B C D E
31. Grundlagen der technischen Mechanik und der Thermodynamik	A B C D E
32. Strategisches Management in Betrieben	A B C D E
33. Soziale Sicherungssysteme in modernen Industriegesellschaften	A B C D E
34. Grundfragen internationaler Politik nach dem Ende des Ost-West-Konflikts	A B C D E
35. Grundzüge der Wirtschaftspolitik, Finanzierung und Beschäftigung	A B C D E
36. Wirtschaftstheorie und Wirtschaftspolitik in asiatischen Ländern	A B C D E
37. Politische und gesellschaftliche Folgen sozialer Ungleichheit	A B C D E
38. Grundzüge des Völkerrechts und Europarechts	A B C D E
39. Grundzüge von betrieblichen Investitionen, Geld und Kredit, Personalwesen	A B C D E
40. Höhere Mathematik für Wirtschaftswissenschaftler (Integral-, Differenzialrechnung)	A B C D E

41. Grundzüge der Kommunikation und Wissensvermittlung in Betrieben	A	B	C	D	E
42. Kosten- und Leistungsrechnen, Buchführung und Jahresabschluss	A	B	C	D	E
43. Luxus und Elend im globalen Dorf: Die sozialen Folgen der Globalisierung	A	B	C	D	E
44. Einführung in die Staats- und Rechtsphilosophie und Verfassungsgeschichte	A	B	C	D	E
45. Praxis des Geld- und Bankgeschäfts von Betrieben	A	B	C	D	E
46. Neue demokratische Bewegungen in Nordafrika und Südostasien	A	B	C	D	E
47. Zivilrecht: Einführung in die Gestaltung von Verträgen	A	B	C	D	E
48. Einführung in die Methoden des Software-Engineering	A	B	C	D	E

Berechnung

Zählen Sie jetzt die Punkte zusammen:

Wenn Sie ein **A** angekreuzt haben, notieren Sie **5** Punkte.
Wenn Sie ein **B** angekreuzt haben, notieren Sie **4** Punkte.
Wenn Sie ein **C** angekreuzt haben, notieren Sie **3** Punkte.
Wenn Sie ein **D** angekreuzt haben, notieren Sie **2** Punkte.
Wenn Sie ein **E** angekreuzt haben, notieren Sie **1** Punkt.

7.1) Notieren und addieren Sie die Punkte der folgenden Veranstaltungen, und notieren Sie die Gesamtpunktzahl:

Nr. 9:		38:		
18:		44:		
29:		47:		Gesamtpunktzahl für **7.1**) =

7.2) Notieren und addieren Sie die Punkte der folgenden Veranstaltungen, und notieren Sie die Gesamtpunktzahl:

Nr. 3:		32:		
5:		39:		
15:		45:		Gesamtpunktzahl für **7.2**) =

7.3) Notieren und addieren Sie die Punkte der folgenden Veranstaltungen, und notieren Sie die Gesamtpunktzahl:

Nr. 8: 26:
13: 36:
20: 42: Gesamtpunktzahl für **7.3)** =

7.4) Notieren und addieren Sie die Punkte der folgenden Veranstaltungen, und notieren Sie die Gesamtpunktzahl:

Nr. 2: 27:
11: 30:
14: 48: Gesamtpunktzahl für **7.4)** =

7.5) Notieren und addieren Sie die Punkte der folgenden Veranstaltungen, und notieren Sie die Gesamtpunktzahl:

Nr. 7: 24:
10: 35:
16: 41: Gesamtpunktzahl für **7.5)** =

7.6) Notieren und addieren Sie die Punkte der folgenden Veranstaltungen, und notieren Sie die Gesamtpunktzahl:

Nr. 6: 25:
12: 31:
21: 40: Gesamtpunktzahl für **7.6)** =

7.7) Notieren und addieren Sie die Punkte der folgenden Veranstaltungen, und notieren Sie die Gesamtpunktzahl:

Nr. 4: 28:
19: 34:
23: 46: Gesamtpunktzahl für **7.7)** =

7.8) Notieren und addieren Sie die Punkte der folgenden Veranstaltungen, und notieren Sie die Gesamtpunktzahl:

Nr.		Nr.			
1:		33:			
17:		37:			
22:		43:		Gesamtpunktzahl für **7.8)** =	

Die meisten Punkte habe ich bei folgender Nummer: ________

Die zweitmeisten Punkte habe ich bei folgender Nummer: ________

Lesen Sie jetzt auf Seite 112 nach, welche Studienfächer für Sie infrage kommen.

8. Interesse an Sozialwesen, Psychologie, Pädagogik und Erziehungswissenschaft

1.	Organisation eines Selbsthilfeprojekts für Obdachlose	A	B	C	D	E
2.	Ursachen, Verlauf und Behandlung psychischer Störungen	A	B	C	D	E
3.	Einübung von Lehrveranstaltungen in der Schule mit Video-Feedback	A	B	C	D	E
4.	Entstehung und Abbau von fremdenfeindlichem Verhalten	A	B	C	D	E
5.	Lösungsstrategien für familienbedingte Konflikte	A	B	C	D	E
6.	Sucht und Abhängigkeit: Ursachen, Auswirkungen, Lösungsmöglichkeiten	A	B	C	D	E
7.	Lernpsychologische Voraussetzungen für die Erziehung junger Menschen	A	B	C	D	E
8.	Anschaulich unterrichten. Unterrichtspraktische Beispiele	A	B	C	D	E
9.	Benachteiligte Jugendliche in der beruflichen Ausbildung	A	B	C	D	E
10.	Grundlagen der Erwachsenenbildung	A	B	C	D	E
11.	Erstellung und Auswertung von Einstellungstests	A	B	C	D	E
12.	Grundfragen der Pädagogik: Intelligenz, Begabung, Gedächtnis, Lernen	A	B	C	D	E
13.	Gewalt unter Jugendlichen. Ursachen und Konfliktlösungen	A	B	C	D	E
14.	Dritte-Welt-Probleme im schulischen Unterricht	A	B	C	D	E

15. Fernsehverhalten von Jugendlichen: Ursachen und Auswirkungen A B C D E

16. Einführung in die Gesprächstherapien mit Verhaltensgestörten A B C D E

17. Erzieherisches Verhalten im Konfliktfall A B C D E

18. Planspiel: Einrichtung eines Jugendfreizeitzentrums A B C D E

19. Überblick über internetgestützte Lehr- und Lernmodelle A B C D E

20. Entwurf von besonderen Unterrichtsmethoden für fremdsprachliche Schüler A B C D E

21. Sozialpolitische Probleme in Städten mit hoher Arbeitslosigkeit A B C D E

22. Planung und Auswertung psychologischer Untersuchungen A B C D E

23. Einführung neuer Medien in den Unterricht an Schulen A B C D E

24. Einführung in die Probleme geistig und autistisch behinderter Kinder A B C D E

25. Entwicklung von Persönlichkeitstests A B C D E

26. Die Ausprägung der Individualität bei Kindern A B C D E

27. Störungen bei Kindern: Ursache, Verlauf, Diagnostik und Förderung A B C D E

28. Alternative Schulmodelle: Montessori, Waldorf, Freinet, Petersen A B C D E

29. Sonderpädagogische Einrichtungen und Maßnahmen für verhaltensgestörte Jugendliche A B C D E

30. Die Psychoanalyse Sigmund Freuds und C. G. Jungs A B C D E

Berechnung

Zählen Sie jetzt die Punkte zusammen:

Wenn Sie ein **A** angekreuzt haben, notieren Sie **5** Punkte.
Wenn Sie ein **B** angekreuzt haben, notieren Sie **4** Punkte.
Wenn Sie ein **C** angekreuzt haben, notieren Sie **3** Punkte.
Wenn Sie ein **D** angekreuzt haben, notieren Sie **2** Punkte.
Wenn Sie ein **E** angekreuzt haben, notieren Sie **1** Punkt.

8.1) Notieren und addieren Sie die Punkte der folgenden Veranstaltungen, und notieren Sie die Gesamtpunktzahl:

Nr. 4: 2 | 15: 3
6: 4 | 21: 2
13: 2 | 29: 3 Gesamtpunktzahl für **8.1**) = 16

8.2) Notieren und addieren Sie die Punkte der folgenden Veranstaltungen, und notieren Sie die Gesamtpunktzahl:

Nr. 1: 2 | 18: 2
5: 4 | 24: 4
9: 3 | 27: 4 Gesamtpunktzahl für **8.2**) = 19

8.3) Notieren und addieren Sie die Punkte der folgenden Veranstaltungen, und notieren Sie die Gesamtpunktzahl:

Nr. 2: 5 | 22: 4
11: 2 | 25: 4
16: 3 | 30: 4 Gesamtpunktzahl für **8.3**) = 22

8.4) Notieren und addieren Sie die Punkte der folgenden Veranstaltungen, und notieren Sie die Gesamtpunktzahl:

Nr. 7: 4 | 17: 3
10: 3 | 19: 2
12: 4 | 26: 4 Gesamtpunktzahl für **8.4**) = 20

8.5) Notieren und addieren Sie die Punkte der folgenden Veranstaltungen, und notieren Sie die Gesamtpunktzahl:

Nr. 3: 3 | 20: 3
8: 4 | 23: 4
14: 4 | 28: 3 Gesamtpunktzahl für **8.5**) = 21

Die meisten Punkte habe ich bei folgender Nummer: 8.3

Die zweitmeisten Punkte habe ich bei folgender Nummer: 8.5

Lesen Sie jetzt auf Seite 113 nach, welche Studienfächer für Sie infrage kommen.

9. Interesse für Informationswissenschaften

1.	Anlage eines Stichwortverzeichnisses für einen Bücherbestand	A B C D E
2.	Datenschutz und Datensicherheit bei multimedialen Systemen	A B C D E
3.	Einführung in die Archivierung von Informationen	A B C D E
4.	Pressesprache früher und heute. Geschichte der Publizistik	A B C D E
5.	Einführung in die bibliografische Erfassung von Büchern	A B C D E
6.	Informationsbeschaffung und -verarbeitung	A B C D E
7.	Rechnergestützte Bilderzeugung und Bildauswertung	A B C D E
8.	Überblick über die Medienpolitik in Deutschland	A B C D E
9.	Nutzung digitaler Audio- und Videotechniken	A B C D E
10.	Einführung in die allgemeine Bibliothekskunde	A B C D E
11.	Grundlagen der Kommunikations- und Informationssysteme	A B C D E
12.	Computergestützte Datenanalyse mit Statistikprogrammen	A B C D E
13.	Einführung in Modelle der zwischenmenschlichen Kommunikation	A B C D E
14.	Die Nutzung elektronischer Datenverarbeitung für die Bücherinventarisierung	A B C D E
15.	Aufgabe und Wirkung von Massenmedien	A B C D E
16.	Indextechniken für Datenbanken	A B C D E
17.	Entwurf eines Layouts für eine Firmenzeitschrift	A B C D E
18.	Von Blättern zu Büchern: Buchproduktion und -distribution	A B C D E
19.	Programmieren von Lehr- und Lernsystemen	A B C D E
20.	Grundlagen der Computerlinguistik	A B C D E
21.	Buchdruck, Illustration und Einband	A B C D E
22.	Digitale Bildverarbeitung und Computer-Sehen	A B C D E
23.	Grundlagen der Recherche, des Schreibens und Redigierens	A B C D E
24.	Einführung in die rechtlichen Bestimmungen für die Aufbewahrung von Dokumenten	A B C D E

Berechnung
Zählen Sie jetzt die Punkte zusammen:

Wenn Sie ein **A** angekreuzt haben, notieren Sie **5** Punkte.
Wenn Sie ein **B** angekreuzt haben, notieren Sie **4** Punkte.
Wenn Sie ein **C** angekreuzt haben, notieren Sie **3** Punkte.
Wenn Sie ein **D** angekreuzt haben, notieren Sie **2** Punkte.
Wenn Sie ein **E** angekreuzt haben, notieren Sie **1** Punkt.

9.1) Notieren und addieren Sie die Punkte der folgenden Veranstaltungen, und notieren Sie die Gesamtpunktzahl:

Nr. 2: ____ 16: ____
7: ____ 19: ____
12: ____ 22: ____ Gesamtpunktzahl für **9.1**) = ____

9.2) Notieren und addieren Sie die Punkte der folgenden Veranstaltungen, und notieren Sie die Gesamtpunktzahl:

Nr. 1: ____ 14: ____
5: ____ 18: ____
10: ____ 21: ____ Gesamtpunktzahl für **9.2**) = ____

9.3) Notieren und addieren Sie die Punkte der folgenden Veranstaltungen, und notieren Sie die Gesamtpunktzahl:

Nr. 3: ____ 13: ____
6: ____ 20: ____
9: ____ 24: ____ Gesamtpunktzahl für **9.3**) = ____

9.4) Notieren und addieren Sie die Punkte der folgenden Veranstaltungen, und notieren Sie die Gesamtpunktzahl:

Nr. 4: ____ 15: ____
8: ____ 17: ____
11: ____ 23: ____ Gesamtpunktzahl für **9.4**) = ____

Die meisten Punkte habe ich bei folgender Nummer: ________
Die zweitmeisten Punkte habe ich bei folgender Nummer: ________

Lesen Sie jetzt auf Seite 113 nach, welche Studienfächer für Sie infrage kommen.

10. Interesse für Freie und Angewandte Kunst

1.	Aktzeichnen, Kopf- und Porträtzeichnen	A B C D E
2.	Bilden und Werken mit verschiedenen Materialien	A B C D E
3.	Drucktechniken für Gebrauchsgegenstände	A B C D E
4.	Einführung in das Entwerfen von Möbeln	A B C D E
5.	Dokumentarfilme in der Fernsehgeschichte	A B C D E
6.	Arbeiten mit Holz und Glas im Unterricht	A B C D E
7.	Techniken der Schwarz-Weiß-Fotografie	A B C D E
8.	Einführung in das technische Zeichnen	A B C D E
9.	Einführung in den Kunstunterricht	A B C D E
10.	Musik im Spielfilm	A B C D E
11.	Einführung in die ästhetische und funktionale Gestaltung von Innenräumen	A B C D E
12.	Farbiges Gestalten von Werbeplakaten	A B C D E
13.	Form, Farbe, Komposition: Malerei mit Dispersionsfarben	A B C D E
14.	Grundlagen der Statik und Festigungslehre	A B C D E
15.	Inhalte und Methoden der Vermittlung von Kunst	A B C D E
16.	Grundzüge der Inszenierungsweisen	A B C D E
17.	Möglichkeiten der Verwendung von Stoffen und Holz bei der Innendekoration	A B C D E
18.	Perspektivisches Zeichnen	A B C D E
19.	Grundlagen der grafischen Gestaltung	A B C D E
20.	Einführung in die Filmanalyse (Spielfilm, Dokumentarfilm)	A B C D E
21.	Plastisches Gestalten mit Ton im Unterricht	A B C D E

22. Reduzierung des Wärmebedarfs von Räumen durch neue Isolationsstoffe	A	B	C	D	E
23. Techniken der Lithografie und des Siebdrucks	A	B	C	D	E
24. Zeichnen und Entwurf historischer Kostüme	A	B	C	D	E
25. Überblick über die Verwendung von Glas und Metall in modernen Büroräumen	A	B	C	D	E
26. Kritik gegenwärtiger Film- und Fernsehproduktionen	A	B	C	D	E
27. Zeichnerische Planung von Küchenmöbeln	A	B	C	D	E
28. Zeichnen und Malen mit dem Computer	A	B	C	D	E
29. Trickfilmerstellung mit dem Computer	A	B	C	D	E
30. Einführung in die Massenmedien und Medienkonkurrenz	A	B	C	D	E

Berechnung

Zählen Sie jetzt die Punkte zusammen:

Wenn Sie ein **A** angekreuzt haben, notieren Sie **5** Punkte.
Wenn Sie ein **B** angekreuzt haben, notieren Sie **4** Punkte.
Wenn Sie ein **C** angekreuzt haben, notieren Sie **3** Punkte.
Wenn Sie ein **D** angekreuzt haben, notieren Sie **2** Punkte.
Wenn Sie ein **E** angekreuzt haben, notieren Sie **1** Punkt.

10.1) Notieren und addieren Sie die Punkte der folgenden Veranstaltungen, und notieren Sie die Gesamtpunktzahl:

Nr. 1: ___ 18: ___
7: ___ 23: ___
13: ___ 29: ___ Gesamtpunktzahl für **10.1) =** ___

10.2) Notieren und addieren Sie die Punkte der folgenden Veranstaltungen, und notieren Sie die Gesamtpunktzahl:

Nr. 3: ___ 19: ___
8: ___ 24: ___
12: ___ 27: ___ Gesamtpunktzahl für **10.2) =** ___

10.3) Notieren und addieren Sie die Punkte der folgenden Veranstaltungen, und notieren Sie die Gesamtpunktzahl:

Nr. 5:		20:	
10:		26:	
16:		30:	Gesamtpunktzahl für **10.3) =**

10.4) Notieren und addieren Sie die Punkte der folgenden Veranstaltungen, und notieren Sie die Gesamtpunktzahl:

Nr. 4:		17:	
11:		22:	
14:		25:	Gesamtpunktzahl für **10.4) =**

10.5) Notieren und addieren Sie die Punkte der folgenden Veranstaltungen, und notieren Sie die Gesamtpunktzahl:

Nr. 2:		15:	
6:		21:	
9:		28:	Gesamtpunktzahl für **10.5) =**

Die meisten Punkte habe ich bei folgender Nummer: ________

Die zweitmeisten Punkte habe ich bei folgender Nummer: ________

Lesen Sie jetzt auf Seite 113 nach, welche Studienfächer für Sie infrage kommen.

11. Interesse für Musik

1.	Musiktechniken und Instrumente	A B C D E
2.	Szenisches Tanzen	A B C D E
3.	Szenische Improvisationen	A B C D E
4.	Stimmkunde, Stimmbildung und Stimmtherapie	A B C D E
5.	Grundlagen der Musik- und der Bewegungserziehung	A B C D E
6.	Einführung in die Geschichte großer Musikaufführungen	A B C D E
7.	Einstudieren von historischen Tänzen	A B C D E
8.	Pädagogische Grundlagen der Vermittlung von Musik	A B C D E
9.	Aufführungstechniken im Theater	A B C D E

10. Klavierspiel und -improvisation	A B C D E
11. Grundlagen der Chor- und Orchesterleitung	A B C D E
12. Einübung von Volksmusiktänzen	A B C D E
13. Ensemble-Musizieren	A B C D E
14. Gesangsausbildung	A B C D E
15. Einführung in die Musikgeschichte	A B C D E
16. Grundlagen der künstlerischen Werkanalyse	A B C D E
17. Spiel und Bühne: Ästhetik und Funktion des Theaters	A B C D E
18. Einführung in Musiktheorie und Tonsatz (Satztechniken, Partituren, Werkanalyse)	A B C D E
19. Formen der tänzerischen Improvisation (freie Tanzformen)	A B C D E
20. Gestik und Mimik beim Gesang	A B C D E
21. Der Kontrapunkt	A B C D E
22. Musikinstrumente im Unterricht	A B C D E
23. Dirigiertechniken	A B C D E
24. Einführung in Rhythmik und Tanz	A B C D E
25. Einführung in die Theatergeschichte	A B C D E
26. Musikunterricht anschaulich gestalten	A B C D E
27. Einführung in die Sprecherziehung	A B C D E
28. Einstudierung einfacher Chor- und Instrumentalliteratur	A B C D E
29. Liedbegleitung	A B C D E
30. Musizieren mit Kindern und Jugendlichen	A B C D E
31. Balletttanzen	A B C D E
32. Einführung in die Dramenanalyse	A B C D E
33. Chorische Stimmbildung	A B C D E
34. Einführung in die Arbeit von Perkussionsinstrumenten	A B C D E
35. Musiktheorie und Tonsatz: Satztechniken und Partituren	A B C D E
36. Einführung in die Schauspielkunst	A B C D E

Berechnung
Zählen Sie jetzt die Punkte zusammen:

Wenn Sie ein **A** angekreuzt haben, notieren Sie **5** Punkte.
Wenn Sie ein **B** angekreuzt haben, notieren Sie **4** Punkte.
Wenn Sie ein **C** angekreuzt haben, notieren Sie **3** Punkte.
Wenn Sie ein **D** angekreuzt haben, notieren Sie **2** Punkte.
Wenn Sie ein **E** angekreuzt haben, notieren Sie **1** Punkt.

11.1) Notieren und addieren Sie die Punkte der folgenden Veranstaltungen, und notieren Sie die Gesamtpunktzahl:

Nr. 6: ___ 23: ___
11: ___ 28: ___
16: ___ 35: ___ Gesamtpunktzahl für **11.1) =** ___

11.2) Notieren und addieren Sie die Punkte der folgenden Veranstaltungen, und notieren Sie die Gesamtpunktzahl:

Nr. 4: ___ 20: ___
14: ___ 27: ___
18: ___ 33: ___ Gesamtpunktzahl für **11.2) =** ___

11.3) Notieren und addieren Sie die Punkte der folgenden Veranstaltungen, und notieren Sie die Gesamtpunktzahl:

Nr. 1: ___ 21: ___
10: ___ 29: ___
13: ___ 34: ___ Gesamtpunktzahl für **11.3) =** ___

11.4) Notieren und addieren Sie die Punkte der folgenden Veranstaltungen, und notieren Sie die Gesamtpunktzahl:

Nr. 3: ___ 25: ___
9: ___ 32: ___
17: ___ 36: ___ Gesamtpunktzahl für **11.4) =** ___

11.5) Notieren und addieren Sie die Punkte der folgenden Veranstaltungen, und notieren Sie die Gesamtpunktzahl:

Nr.		Nr.			
2:		19:			
7:		24:			
12:		31:		Gesamtpunktzahl für **11.5) =**	

11.6) Notieren und addieren Sie die Punkte der folgenden Veranstaltungen, und notieren Sie die Gesamtpunktzahl:

Nr.		Nr.			
5:		22:			
8:		26:			
15:		30:		Gesamtpunktzahl für **11.6) =**	

Die meisten Punkte habe ich bei folgender Nummer: ________

Die zweitmeisten Punkte habe ich bei folgender Nummer: ________

Lesen Sie jetzt auf Seite 113 nach, welche Studienfächer für Sie infrage kommen.

12. Interesse für Sport und Gesundheit

1.	Einführung in die Bewegungs- und Trainingswissenschaft	A B C D E
2.	Grundlagen der Sportpädagogik	A B C D E
3.	Überblick über die Sportmedien	A B C D E
4.	Aufgaben und Ziele der Trainingslehre in den verschiedenen Sportarten	A B C D E
5.	Theorie des Schwimmens (oder einer anderen Sportart)	A B C D E
6.	Sport und Sportpolitik in Deutschland	A B C D E
7.	Planung und Gestaltung des Sportunterrichts in der Schule	A B C D E
8.	Einführung in die Sportmedizin (Herz, Kreislauf, Bewegungsapparat)	A B C D E
9.	Berichterstattung über den Sport	A B C D E
10.	Spezielle Trainingslehre für die Leichtathletik	A B C D E
11.	Bewegungsabläufe beim Geräteturnen	A B C D E
12.	Einführung in die Technik des Sportinterviews	A B C D E
13.	Organisation von schulischen Sportveranstaltungen	A B C D E

14. Einführung in die Theorie und Praxis des Radsports (oder einer anderen Sportart)	A	B	C	D	E
15. Porträts berühmter Sportlerinnen und Sportler	A	B	C	D	E
16. Einführung in den Rehabilitationssport	A	B	C	D	E
17. Erstellung von Trainingsfilmen für die Wettkampfvorbereitung	A	B	C	D	E
18. Informationsbeschaffung und Informationsvermittlung bei Großsportveranstaltungen	A	B	C	D	E

Berechnung

Zählen Sie jetzt die Punkte zusammen:

Wenn Sie ein **A** angekreuzt haben, notieren Sie **5** Punkte.
Wenn Sie ein **B** angekreuzt haben, notieren Sie **4** Punkte.
Wenn Sie ein **C** angekreuzt haben, notieren Sie **3** Punkte.
Wenn Sie ein **D** angekreuzt haben, notieren Sie **2** Punkte.
Wenn Sie ein **E** angekreuzt haben, notieren Sie **1** Punkt.

12.1) Notieren und addieren Sie die Punkte der folgenden Veranstaltungen, und notieren Sie die Gesamtpunktzahl:

Nr.				
2:	5	10:	4	
4:	3	13:	4	
7:	4	16:	4	Gesamtpunktzahl für **12.1)** = 24

12.2) Notieren und addieren Sie die Punkte der folgenden Veranstaltungen, und notieren Sie die Gesamtpunktzahl:

Nr.				
1:	4	11:	3	
5:	4	14:	4	
8:	5	17:	4	Gesamtpunktzahl für **12.2)** = 24

12.3) Notieren und addieren Sie die Punkte der folgenden Veranstaltungen, und notieren Sie die Gesamtpunktzahl:

Nr.				
3:	3	12:	2	
6:	3	15:	2	
9:	2	18:	3	Gesamtpunktzahl für **12.3)** = 15

Die meisten Punkte habe ich bei folgender Nummer: 12 1 & 12 2
Die zweitmeisten Punkte habe ich bei folgender Nummer: ________

Lesen Sie jetzt auf Seite 113 nach, welche Studienfächer für Sie infrage kommen.

Auswertung: Die richtigen Fächer herausfinden

Kreuzen Sie hier an, welche beiden Fächergruppen Sie bearbeitet haben:

1. Sprach-, literatur- und kulturwissenschaftliche Fächer ☐
2. Theologische Fächer ☐
3. Mathematik und Naturwissenschaften ☐
4. Agrar-, Forst- und Ernährungswissenschaften, Ökologie ☐
5. Medizinische Fächer ☐
6. Technische und ingenieurwissenschaftliche Fächer ☐
7. Rechtswissenschaft, Wirtschafts- und Gesellschaftswissenschaften ☐
8. Sozialwesen, Psychologie, Pädagogik und Erziehungswissenschaft ☐
9. Informationswissenschaften ☐
10. Freie und Angewandte Kunst ☐
11. Musik ☐
12. Sport und Gesundheit ☐

Notieren Sie anschließend, welche Zahl (z. B. 1.5 oder 11.6) innerhalb der bearbeiteten Fächergruppe(n) bei Ihnen die Nr. 1 und welche die Nr. 2 war.

An erster Stelle steht bei mir: ________

An zweiter Stelle steht bei mir: ________

Vergleichen Sie diese jetzt mit der Fächerauswertung auf der folgenden Seite.

Sie haben für folgendes Fach oder für folgende Fächer ein sehr großes Interesse bekundet und vermutlich auch die notwendigen Voraussetzungen zum Studium.

Zahl	Mögliche Studienfächer
1.1	Germanistik, Allgemeine Sprachwissenschaft. Weitere mögliche Studienfächer: Niederländische Philologie, Skandinavistik, Keltologie, Indogermanistik, Vergleichende Literaturwissenschaft
1.2	Europäische Sprachen und Literaturen; je nach Interesse z. B. Anglistik, Romanistik, Slawistik, Niederlandistik, Nordistik
1.3	Außereuropäische Sprachen und Literaturen; je nach Interesse afrikanische Sprachen, orientalische Sprachen (z. B. Orientalistik, Arabistik, Judaistik, Semitistik, Islamkunde, Persisch) oder asiatische Sprachen (z. B. Japanologie, Sinologie, Koreanisch), Südostasienwissenschaft mit Thailändisch, Vietnamesisch, austronesischen Sprachen
1.4	Angewandte Sprachen (Übersetzen, Dolmetschen)
1.5	Ägyptologie, Koptologie, Klassische Archäologie, Griechische oder Lateinische Philologie; weitere mögliche Studienfächer: Ur-, Vor- und Frühgeschichte, Provinzialarchäologie, Judaistik
1.6	Geschichtswissenschaft; weitere mögliche Studienfächer: Historische Landeskunde, Volkskunde, Ur-, Vor- und Frühgeschichte
1.7	Kunstgeschichte; weitere mögliche Studienfächer: Orientalische Kunstgeschichte
1.8	Musikwissenschaft
1.9	Philosophie
1.10	Theaterwissenschaft
1.11	Ethnologie / Völkerkunde; weitere mögliche Studienfächer: Afrikanistik, Volkskunde; evtl. auch Geografie
2.1	Je nach Konfession Katholische oder Evangelische Theologie
2.2	Je nach Konfession Katholische oder Evangelische Religionspädagogik; weitere mögliche Studienfächer: Altkatholische Theologie, Vergleichende Religionswissenschaft
3.1	Allgemeine und Angewandte Mathematik; auch die Fächer Statistik und Technomathematik könnten von Interesse sein
3.2	Biologie, Biochemie, Biotechnologie
3.3	Chemie; evtl. auch Chemietechnik und Biochemie
3.4	Physik, Physikalische Technik, Astronomie
3.5	Geologie, Mineralogie, Paläontologie, Klimatologie, Geoökologie, Geochemie
3.6	Lebensmittelchemie, Lebensmitteltechnologie; evtl. auch Ernährungswissenschaft
3.7	Pharmazie, Pharmakologie

3.8	Informatik, Technische Informatik
3.9	Geografie

4.1	Agrarwissenschaft, Landbau, Landwirtschaft; weitere mögliche Studienfächer: Agrarökonomie, Agrarbiologie
4.2	Forstwirtschaft, Forstwissenschaft, Holzwirtschaft
4.3	Städtebau, Landschaftsplanung, Landschaftsbau; evtl. auch Raumplanung
4.4	Gartenbau, Weinbau; evtl. auch Getränketechnologie
4.5	Ernährungswissenschaft, Haushaltswissenschaft (kann auch miteinander kombiniert werden); evtl. auch Lebensmitteltechnologie
4.6	Ökologie, Geoökologie

5.1	Humanmedizin
5.2	Zahnmedizin
5.3	Tiermedizin

6.1	Architektur; evtl. auch Innenarchitektur (Vergleich mit 10.4 vornehmen)
6.2	Bauingenieurwesen, Bautechnik; evtl. auch Wasserbau
6.3	Chemieingenieurwesen / Verfahrenstechnik
6.4	Elektrotechnik
6.5	Fahrzeugtechnik; evtl. auch Maschinenbau
6.6	Maschinenbau
6.7	Umwelttechnik, Recycling, Entsorgungstechnik
6.8	Luft- und Raumfahrttechnik
6.9	Geodäsie / Vermessungswesen
6.10	Versorgungs- und Entsorgungstechnik

7.1	Rechtswissenschaft / Jura
7.2	Betriebswirtschaftslehre, Wirtschaftswissenschaften / Ökonomie
7.3	Volkswirtschaftslehre, Wirtschaftswissenschaften / Ökonomie
7.4	Wirtschaftsinformatik, Angewandte Informatik
7.5	Wirtschaftspädagogik
7.6	Wirtschaftsingenieurwesen, Technische Betriebswirtschaftslehre
7.7	Politikwissenschaft
7.8	Soziologie; evtl. auch Sozialökonomie

8.1	Sozialpädagogik
8.2	Sozialarbeit; evtl. auch Kirchliche Bildungsarbeit
8.3	Psychologie
8.4	Pädagogik / Erziehungswissenschaft als Nicht-Lehramtsstudienfächer
8.5	Lehramt für Schulen. Je nach Interesse Grund- und Hauptschulen, Sonderschulen, Realschulen, Gymnasien, berufliche Schulen.

9.1	Angewandte Informatik
9.2	Buchwissenschaft, Bibliotheks- und Informationswissenschaft; evtl. auch Dokumentationswissenschaft
9.3	Kommunikationswissenschaft, Dokumentationswissenschaft, Computerlinguistik
9.4	Journalistik, Publizistik, Medienwissenschaft; evtl. auch Kommunikationswissenschaft

10.1	Freie Kunst (Zeichnen, Malerei, Bildhauerei).
10.2	Angewandte Kunst: Gestaltung (Gestaltungstechnik, Textilgestaltung, Glasgestaltung, Goldschmiedekunst, Silberschmiedekunst, Keramik), Grafik, Design (Grafikdesign, Industrial Design, Modedesign); evtl. auch Bühnenbild, Bühnenkostüm, Restaurierung
10.3	Film und Fernsehen; evtl. auch Regie, Kameratechnik, Tonmeister
10.4	Innenarchitektur; evtl. auch Architektur (Vergleich mit 6.1 vornehmen)
10.5	Kunsterziehung / Kunstpädagogik (Vergleich mit 8.5 vornehmen)

11.1	Dirigieren, Chor- und Orchesterleitung
11.2	Chor und Orchestergesang, Sologesang; evtl. auch Musical
11.3	Instrumentalmusik; evtl. auch Kirchenmusik
11.4	Schauspiel; evtl. auch Musical
11.5	Tanz, Rhythmik; evtl. auch Tanzpädagogik für Berufs- und Laientanz
11.6	Musikerziehung / Musikpädagogik (Vergleich mit 8.5 vornehmen)

12.1	Sport als Lehramtsstudiengang (Vergleich mit 8.5 vornehmen)
12.2	Sportwissenschaft und weitere Sportstudiengänge außerhalb des Lehramts für Schulen
12.3	Sportjournalismus (Vergleich mit 9.4 vornehmen)

Tragen Sie auf den Seiten 115 und 116 ein, welches Fach / welche Fächer infrage kommen.

Mein persönliches Testergebnis

Nachdem Sie viel Mühe und Zeit in den Studienwahltest investiert haben, hier die Ergebnisse der Einzeltests:

Test 1: Berufliche Ausbildung oder Studium?

Ich strebe eine Lehre oder eine der alternativen Ausbildungsmöglichkeiten an. ☐
Ich strebe ein Studium an. ☒

Test 2: Universitäts- oder Fachhochschulstudium?

Ich bin mehr an einem Universitätsstudium interessiert. ☒
Ich bin eher an einem Fachhochschulstudium interessiert. ☐
Ich bin mir noch nicht sicher. (☒)

Test 3: Was sagen die Schulnoten?

Aus Stärken für *einzelne Schulfächer* wurden folgende Studienfächer ermittelt:

Mathematik, ingenieurwissenschaftl. Fächer, Sport (auf Lehramt),

Lehramt

Aus Stärken für *eine Gruppe von Schulfächern* ergeben sich folgende Studienfächer:

Mathe + Sport → Lehramt (Rest eher schwammig)

Test 4: Die richtige Fächergruppe herausfinden

Meine Interessen konzentrieren sich auf folgende Fächergruppe:

Tragen Sie eine
1 für Ihre Favoritengruppe und eine
2 für diejenige Gruppe ein, bei der Sie eine ähnliche Punktzahl erreicht haben.

1. Sprach-, literatur- und kulturwissenschaftliche Fächer
2. Theologische Fächer
3. Mathematik und Naturwissenschaften
4. Agrar-, Forst- und Ernährungswissenschaften, Ökologie
5. Medizinische Fächer
6. Technische und ingenieurwissenschaftliche Fächer
7. Rechtswissenschaft, Wirtschafts- und Gesellschaftswissenschaften
8. Sozialwesen, Psychologie, Pädagogik und Erziehungswissenschaft 2
9. Informationswissenschaften
10. Freie und Angewandte Kunst
11. Musik
12. Sport und Gesundheit 1

Beim **Vergleich mit dem Test 3 »Schulnoten«** ergab sich ?

eine Übereinstimmung
keine Übereinstimmung

mit der ermittelten Fächergruppe.

Test 5: Die richtigen Fächer herausfinden

Es wurde ein Interesse an folgendem Studienfach / folgenden Studienfächern ermittelt:

Folgende weitere Studienfächer kommen auch in Betracht:

Ergebnis des Studienwahltests

Ich mache erst einmal eine berufliche Ausbildung. ■
Ich will studieren. ■

Ich möchte studieren:
an einer Fachhochschule ■
an einer Universität ■

Mein Wunschstudienfach könnte sein (Fach, Abschluss):

____

____

Ebenfalls interessiert bin ich an folgenden Studienfächern:

____

____

Wie Sie weiter vorgehen können, erfahren Sie im anschließenden Kapitel.

Wie vertiefe ich mein Testergebnis?

Ist das Testergebnis ermittelt, sollte man nicht sofort zur Studienplatzbewerbung schreiten. Stellen Sie sich zum Vergleich vor, Sie hätten ein Produkt im Internet bestellt: Nach Eingang des Pakets kann das Bestellte doch ganz anders sein, als man es sich vorgestellt hat. Deshalb ist die Antwort auf die Frage, wie man sein Testergebnis vertieft, sehr einfach: durch Anschauung und Praxis.

Ein ideales Mittel, um mehr über einen bestimmten Studien- und Berufsbereich zu erfahren, ist ein Praktikum in den Sommerferien zwischen Stufe 11 und 12 (ggf. zwischen Stufe 12 und 13) in der Oberstufe oder in der Zeit nach der letzten Abiturprüfung. Entweder wird man selbst aktiv und fragt bei Unternehmen, Behörden etc. nach der Möglichkeit, ein Praktikum zu absolvieren, oder man nutzt die Dienste zahlreicher Praktikumsbörsen. Eine Auswahl von nützlichen Links:

- *Absolute Beginners* – Praktikumsvermittlung für die Bereiche Grafik, Design, Werbung, Redaktion und Marketing mit Online-Bewerbung
  www.absolutebeginners.de
- *Cesar* – eine Auflistung von Praktikantenbörsen
  www.cesar.de (Pfad »Stellenangebote nach Thema«, dann »Jobs für Azubis, Praktikanten und Studenten«)
- *Forum-JOBline.de* – Informationsdienst mit Praktika, Bewerbungs-Know-how und Unternehmensporträts
  www.forum-jobline.de
- *HighText Verlag iBusiness* – Stellenbörse, vor allem für die Multimedia- und Online-Branche, im Feld »Art« »Praktikum« auswählen
  www.ibusiness.de/praktika
- *International Placement Center (IPC)* – ein gemeinnütziger Verein an der TH Darmstadt, vermittelt Auslandspraktika für angehende Wirtschaftsingenieure und Wirtschaftsinformatiker
  www.ipc-darmstadt.de

- *Jobmensa* – eines der größten Portale für Studentenjobs, aber auch mit Praktikantenbörse
  www.jobmensa.de
- *PLANETPRAKTIKA.de* – Praktikumsbörse für alle Branchen und Studienbereiche
  www.planetpraktika.de
- *Prabo.de* – Praktikumsbörse u. a. für Schüler
  www.prabo.de
- *Praktikum.de* – Suche nach Branche, Abschluss, Dauer oder regionalen Aspekten
  www.praktikum.de
- *Praktikum.info* – Stellenanzeigen für Praktika und Studentenjobs
  www.praktikum.info
- *Praktikum online* – Praktikumsbörse u. a. für Schüler
  www.praktikum-online.de
- *Praktikum-Service.de* – Stellen- und Bewerbungsbörse für Praktika im In- und Ausland
  www.praktikum-service.de
- *Unicum Praktikumsbörse* – die Angebote lassen sich regional, nach Firmen und nach Stichworten durchsuchen.
  www.unicum.de/beruf/praktikum

Auch der Ring Christlich-Demokratischer Studenten (RCDS) hat eine Praktikantenbörse für Praktika im Inland eingerichtet. Adresse: RCDS Bildungs- und Sozialwerk e. V., Neue Straße 34, 91054 Erlangen, Tel. 09131/206163 (dienstags und donnerstags 11.00 bis 13.00 Uhr), E-Mail: *praktikantenboerse@rcds.de.*

Die Entscheidung für einen Studiengang absichern kann man aber auch gut in den beliebten Freiwilligendiensten, beispielsweise im »freiwilligen sozialen Jahr«, im »freiwilligen ökologischen Jahr« oder im Rahmen des Bundesfreiwilligendienstes. Man wählt dann bewusst einen Einsatzbereich im angestrebten Studien- und Berufsbereich.

Beispiele:

Bei Studieninteresse für *Medizin* oder *Zahnmedizin:*
Dienst in einem Krankenhaus oder einer Klinik im Rahmen des freiwilligen sozialen Jahres oder des Bundesfreiwilligendienstes. Siehe hierzu unter: *www.ijgd.de* und *www.bundesfreiwilligendienst.de*

Bei Studieninteresse für *Archäologie, Architektur, Kunstgeschichte:*
freiwilliges soziales Jahr in der Denkmalpflege. Siehe hierzu unter: *www.ijgd.de/dienste-in-deutschland/fsj-denkmalpflege.html*

Bei Studieninteresse für *Geschichte, Politik und Rechtswissenschaft:*
freiwilliges soziales Jahr im politischen Leben/in der Demokratie (FSJ Politik).
Siehe hierzu unter: *www.ijgd.de/dienste-in-deutschland/fsj-politikdemokratie.html*

Bei Studieninteresse für *Natur- und Ingenieurwissenschaften* und Interesse an Forschungstätigkeit:
freiwilliges soziales Jahr in Wissenschaft, Technik und Nachhaltigkeit (FJN). Siehe hierzu unter: *www.ijgd.de/dienste-in-deutschland/fsj-in-wissenschaft-technik-und-nachhaltigkeit.html*

Bei Studieninteresse für *Biologie* und *Umweltstudiengänge:*
freiwilliges ökologisches Jahr. Siehe hierzu unter: *www.foej.de*

Bei Studieninteresse für *Pädagogik* und für das *Lehramt:*
freiwilliges soziales Jahr in der Schule. Siehe hierzu unter: *www.fsjkultur-nrw.de,* Menüpunkt »FSJ Schule«

Freiwilliges Soziales Jahr Ganztagsschule:
Siehe hierzu unter: *www.fsj-ganztagsschule.de*

Die Dienste dauern üblicherweise sechs oder zwölf Monate, der Bundesfreiwilligendienst auch 18 bis maximal 24 Monate.

Noch ein weiterer Tipp: Das freiwillige soziale und freiwillige ökologische Jahr können auch im Ausland durchgeführt werden. Auch bieten der Internationale Jugendfreiwilligendienst (IJFD) des Bundesministeriums für Familie, Senioren, Frauen und Jugend, der Freiwilligendienst des Auswärtigen Amtes »kulturweit«, der entwicklungspolitische Dienst »weltwärts« sowie der Europäische Freiwilligendienst (EFD) der EU gute Möglichkeiten für einen Auslandsaufenthalt.

Weitere Informationen zu allen Diensten in der Broschüre *Zeit, das Richtige zu tun. Freiwillig engagiert in Deutschland – Bundesfreiwilligendienst, Freiwilliges Soziales Jahr, Freiwilliges Ökologisches Jahr* des Bundesministeriums für Familie, Senioren, Frauen und Jugend (kann von der Homepage des Ministeriums unter *www.bmfsfj.de* unter »Publikationen« heruntergeladen werden).

Wie komme ich an den Studienplatz?

Nachdem Sie das passende Studienfach ermittelt und das Testergebnis noch einmal vertieft haben (siehe das Kapitel vorher), stellt sich die Frage, wie Sie sich für den Studienplatz bewerben und was Sie hierbei grundsätzlich beachten sollten. Von Fach zu Fach bestehen hier nämlich erhebliche Unterschiede.

Bewerbung bei der Hochschule – zulassungsfreie Studiengänge und »Orts-NC«

Für eine große Mehrzahl der Studiengänge bewirbt man sich direkt bei den Hochschulen. Lesen Sie auf der Homepage einer Hochschule, dass der gewünschte Studiengang »zulassungsfrei« ist, erhalten Sie – unabhängig von der Abiturnote, einer Wartezeit oder einem weiteren Kriterium – den Studienplatz. Auch für diese »freien« Studiengänge ist eine vorherige Anmeldung und eine Beachtung von Terminen erforderlich. In der Regel wird die Bewerbung um den Studienplatz online eingeleitet und die Zusendung des unterschriebenen Ausdrucks und weiterer Unterlagen wird auf dem Postweg verlangt. Sie können also auch bei zulassungsfreien Studiengängen nicht erst zu Beginn der Lehrveranstaltungen an der Hochschule erscheinen.

Neben den freien Studiengängen gibt es an den Hochschulen einen sehr großen Anteil von Studiengängen mit Zulassungsbeschränkung, einem sogenannten Orts-NC. Hier gibt es erfahrungsgemäß mehr Bewerber als Studienplätze. Deshalb muss die Hochschule auswählen, entweder nach den Kriterien Abiturnote und Wartezeit oder unter Einbeziehung weiterer Kriterien wie Auswahlgespräch, Belegung studiengangsrelevanter Schulfächer, Einzelnoten studiengangsrelevanter Schulfächer, einschlägige Berufsausbildung/ -tätigkeit, fachspezifischer Studierfähigkeitstest, Teilnahme an Landes- und Bundeswettbewerben oder nach einer Kombination dieser Kriterien. Wichtig: Auch wenn an einer Hochschule nach mehreren Auswahlkriterien die Zulassung erfolgt, bleibt die Abiturnote immer Bestandteil des jeweiligen Auswahlverfahrens!

Haben Sie herausgefunden, dass nicht nach Abiturnote oder Wartezeit ausgewählt, sondern ein umfangreiches Auswahlverfahren durchgeführt wird, lesen Sie sich die jeweilige »Satzung des Auswahlverfahrens« (steht in der Regel auf der Homepage der

Hochschule) sehr gründlich durch und überlegen Sie, wie Sie sich auf die einzelnen Prüfungsformen am besten vorbereiten können.

Eine gute Vorbereitung auf solche Hochschulauswahlverfahren bietet der Ratgeber von Dr. Angela Verse-Herrmann und Dr. Dieter Herrmann *Erfolgreich bewerben an Hochschulen. So bekommen Sie Ihren Wunschstudienplatz,* Stark Verlag.

Wenn Sie lesen, dass Ihr Wunschfach an Ihrer Wunschhochschule einen Orts-NC hat, dann heißt das nicht, dass dieses Fach automatisch auch an anderen Hochschulen mit einem Orts-NC belegt ist. Häufig gibt es anderswo entweder mehr Studienplätze oder weniger Bewerber/-innen. Dann ist das Fach dort zulassungsfrei, und Sie können sich unter Beachtung der Termine direkt einschreiben.

Die jeweils aktuelle Zulassungssituation kann nur bei den Hochschulen direkt recherchiert oder dort nachgefragt werden. Was an der einen Hochschule ein Orts-NC-Fach ist, ist an der anderen Hochschule zulassungsfrei. Ein Fach, das in diesem Semester an einer bestimmten Hochschule einen Orts-NC hat, kann im nächsten Semester zulassungsfrei sein und umgekehrt.

Die Bewerbung über *hochschulstart.de*

Für die bundesweit besonders stark nachgefragten Studiengänge Humanmedizin, Zahnmedizin, Tiermedizin und Pharmazie bewirbt man sich bei der »Stiftung für Hochschulzulassung«, bekannt unter ihrem Domain-Namen *hochschulstart.de.*

hochschulstart.de ist hervorgegangen aus der früheren ZVS (Zentralstelle für die Vergabe von Studiengängen).

Zuerst findet eine Vorabauswahl statt (u. a. Härtefälle, Ausländer aus Nicht-EU-Ländern, Zweitstudienbewerber), die etwa 14 Prozent aller zu vergebenden Studienplätze umfasst. Die verbleibenden Studienplätze werden zu 20 Prozent nach der besten Abiturnote, zu 20 Prozent nach der längsten Wartezeit und zu 60 Prozent über die Auswahlverfahren der Hochschulen vergeben.

Bei der Vergabe der Studienplätze nach Abiturbestenquote bildet *hochschulstart.de* 16 Landesquoten, sodass Bewerber/-innen mit einem bestimmten Abiturdurchschnitt nur mit anderen aus demselben Bundesland in Konkurrenz stehen, wobei »dasselbe Bundesland« bedeutet, dass dort das Abitur abgelegt wurde.

In der Wartezeitquote wird die Zahl an Halbjahren (= Semestern) berücksichtigt, die seit dem Abitur vergangen ist und die man noch nicht in Deutschland studiert hat. Dabei ist es für *hochschulstart.de* unerheblich, was man nach dem Abitur gemacht hat – ob ein freiwilliges soziales Jahr abgeleistet, eine Ausbildung absolviert oder ein

Studium im Ausland begonnen wurde. Man bekommt, auch wenn man sich in der Zeit zwischen Abitur und Bewerbung noch nicht bei *hochschulstart.de* gemeldet hat, diese Zeit rückwirkend anerkannt. Wenn Sie also 2016 Ihr Abitur ablegen und zum Wintersemester 2019 das Studium eines Faches, das über *hochschulstart.de* vergeben wird, aufnehmen möchten, ohne vorher an einer deutschen Hochschule studiert zu haben, ergeben sich sechs Semester Wartezeit.

Wie sieht es aus mit der Verteilung der nach Abiturbestenquote und Wartezeitquote zugelassenen Bewerber auf die Studienorte? Inwiefern werden die Wünsche der Studieninteressenten berücksichtigt?

Wer über die Abiturbestenquote einen Studienplatz erhält, bei dem versucht *hochschulstart.de*, den Ortswunsch des Bewerbers anhand seiner persönlichen Ortsrangliste zu realisieren. Im Studienplatz-Antrag an *hochschulstart.de* können maximal sechs Orte mit einer Präferenz von 1 bis 6 genannt werden. Ist ein Bewerber in keinem der sechs genannten Orte zum Zuge gekommen, kann er in der Abiturbestenquote an keinem anderen Ort zugelassen werden; nur über die Wartezeitquote oder über die Auswahlverfahren der Hochschulen ist jetzt eine Zulassung noch möglich.

Auch die über die Wartezeit ausgewählten Bewerber erhalten die Möglichkeit, eine Liste mit sechs Ortswünschen zu erstellen, anhand derer *hochschulstart.de* die Zuteilung vornimmt. Haben sich für einen Ort mehr Bewerber/-innen entschieden, als Plätze vorhanden sind, erfolgt die Ortsvergabe nach Sozialkriterien. Dabei werden die Studienbewerber einer von fünf Gruppen zugeteilt, wobei 1 die günstigste und 5 die ungünstigste ist.

Zu Gruppe 1 zählen die Schwerbehinderten, zu Gruppe 2 Studienbewerber, die am gewünschten Hochschulort verheiratet sind oder Kinder erziehen. Gruppe 3 umfasst diejenigen, die wichtige Gründe für den bestimmten Hochschulort vorgebracht haben (z. B. Mitarbeit im elterlichen Betrieb, Pflege eines Familienangehörigen, besondere sportliche Fähigkeiten und gute Trainingsmöglichkeiten am gewünschten Hochschulort); zu Gruppe 4 zählen jene, die im Einzugsbereich der Wunschhochschule wohnen und diesen Ort bevorzugt angegeben haben. Gruppe 5 sind alle Übrigen.

Wer außergewöhnliche persönliche (und nicht vom Bewerber selbst zu vertretende Gründe) vorbringen kann, die sich nachteilig auf Abiturnote und Wartezeit ausgewirkt haben, hat die Möglichkeit, einen Antrag auf »Nachteilsausgleich« zu stellen, der im Erfolgsfall die Durchschnittsnote bzw. die Wartezeit verbessert.

Auch können diejenigen einen Sonderantrag auf sofortige Zulassung stellen, die besondere gesundheitliche, wirtschaftliche und familiäre Gründe vortragen. Man spricht in diesem Fall vom sogenannten »Härtefallantrag«.

Wer nicht über die Abiturnote oder die Wartezeit einen Studienplatz erhielt, der muss seine Chance in der Quote »Auswahlverfahren der Hochschulen« suchen, über die die restlichen 60 Prozent der Studienplätze vergeben werden. Um an diesen Auswahlverfahren teilzunehmen, ist eine vorherige Bewerbung bei *hochschulstart.de* unbedingt erforderlich, eine Direktbewerbung bei den Hochschulen ist nicht möglich!

Welche Kriterien werden von den Hochschulen in diesen Auswahlverfahren herangezogen? Dies ist von Fach zu Fach und von Hochschule zu Hochschule sehr unterschiedlich. Auf der Homepage *www.hochschulstart.de* kann für jede Hochschule das jeweilige Verfahren zum aktuellen Bewerbungssemester in Erfahrung gebracht werden. Manche Hochschulen wählen in dieser Quote allein nach Abiturnote aus, andere beziehen eine vorherige Berufsausbildung/-tätigkeit und einen Dienst mit ein, wieder andere einen fachspezifischen Studienfähigkeitstest oder ein Auswahlgespräch mit Hochschulprofessoren. Weitere mögliche Kriterien können die Belegung ausgewählter Fächer in der Oberstufe und außerschulische Aktivitäten, wie die erfolgreiche Teilnahme an Bundes- und Landeswettbewerben, sein.

Für die Quote »Auswahlverfahren der Hochschulen« wird *hochschulstart.de* von vielen Hochschulen auch mit einer Vorauswahl nach Abiturnote und/oder Ortspräferenz des Bewerbers beauftragt. Anschließend führt die Hochschule mit dieser Gruppe von Abiturienten ein Auswahlverfahren nach den jeweils vorgesehenen Kriterien durch.

Wann kommen die Zulassungsbescheide von *hochschulstart.de*? Diese werden für das Wintersemester Mitte August (Abiturbestenquote/Wartezeitquote) sowie Anfang und Mitte September (Auswahlverfahren der Hochschulen) verschickt, für das Sommersemester Mitte Februar (Abiturbestenquote/Wartezeitquote) bzw. Ende März (Auswahlverfahren der Hochschulen).

Wer über die drei Quoten Abiturnote, Wartezeit und Auswahlverfahren der Hochschulen keinen Studienplatz erhielt, kann es ein Semester später (falls das gewünschte Studienfach zweimal im Jahr vergeben wird) oder im darauffolgenden Jahr erneut versuchen (oder ein anderes Studium aufnehmen, wobei aber die Semester, in denen studiert wurde, für eine erneute Bewerbung bei *hochschulstart.de* nicht als Wartezeit anerkannt werden). Es gibt aber noch einige kleine Hoffnungsschimmer. Nicht alle, die eine Zulassung erhalten, nehmen den Studienplatz an. Da ohne Annahme der angebotene Studienplatz verfällt, werden diese Plätze im Oktober bzw. April im Nachrückverfahren weitervergeben. Wer nicht zu den glücklichen Nachrückern gehört, hat eine weitere Chance: Auch nicht alle, die den Studienplatz angenommen haben, schreiben sich tatsächlich an der Hochschule ein – deren Plätze werden von den Hochschulen im Losverfahren vergeben. Schicken Sie deshalb, falls Sie auch im Nachrückverfahren nicht zum Zuge kamen und Sie auf der Homepage einer Hochschule lesen, dass ein Losverfahren durchgeführt wird, ein Schreiben an diese Hochschule, dass Sie sich für einen Studienplatz per Losverfahren offiziell bewerben. Manche Hochschulen haben für so ein Losverfahren auch einen Vordruck zum Ausfüllen ins Netz gestellt.

Unter den *hochschulstart.de*-Studiengängen sind besonders die Studiengänge in Humanmedizin begehrt. Deshalb an dieser Stelle noch vier Hinweise, wie man evtl. auch noch einen Studienplatz in Medizin bekommen kann:

a) Es besteht die Möglichkeit, einige Semester Medizin an einer ausländischen Hochschule zu studieren und dann unter Anrechnung von dort erbrachten Studienleistungen sich für ein höheres Fachsemester an einer deutschen Hochschule zu bewerben. Auch in diesem Fall gibt es allerdings üblicherweise Zulassungsbeschränkungen.
b) Man entschließt sich, ein komplettes Medizinstudium im Ausland, etwa in Österreich oder in Ungarn (das sind in diesem Fall die beliebtesten Länder), zu absolvieren.
c) Manche Bewerber versuchen den Quereinstieg über ein anderes naturwissenschaftliches Studienfach, z. B. Biologie oder Chemie. Auch hier ist die Regel, dass man in den höheren Fachsemestern mit Zulassungsbeschränkungen rechnen muss. Dennoch soll darauf verwiesen sein, dass zumindest theoretisch die Möglichkeit besteht, sich Studienleistungen aus einem anderen medizinnahen Studienfach an einer deutschen Universität anrechnen zu lassen und die Zulassung für das zweite oder dritte Fachsemester zu beantragen.
d) Schließlich besteht noch theoretisch die Möglichkeit, der Hochschule nachzuweisen, dass sie nach Ende des Auswahlverfahrens noch freie Plätze im ersten Semester hatte. Diesen Weg nennt man »Studienplatzklage«. Hierfür gibt es Rechtsexperten, die gegen entsprechendes Honorar Beratung leisten.

Welche Bewerbungsfristen sind zu beachten?

Für das Wintersemester ist das entweder der 31. Mai (gilt für sogenannte Alt-Abiturienten, die vor dem 16. Januar desselben Jahres ihr Abitur abgelegt haben) oder der 15. Juli (gilt für sogenannte Neu-Abiturienten, die zwischen dem 16. Januar und dem

15. Juli desselben Jahres ihr Abiturzeugnis erhalten haben). Für das Sommersemester ist der maßgebliche Termin der 15. Januar (gilt für Alt-Abiturienten und Neu-Abiturienten gleichermaßen).
Der Antrag bei *hochschulstart.de* muss spätestens an diesen Terminen bis 24.00 Uhr online eingegangen sein; die ausgedruckten und unterschriebenen Anträge plus Anlagen sind auf dem Postweg an *hochschulstart.de* zu senden. Auch hierfür gibt es feste Termine.

Wintersemester: für Anträge zum 31. Mai der 15. Juni, für Anträge zum 15. Juli der 31. Juli;

Sommersemester: für Anträge zum 15. Januar der 31. Januar.

Das *Dialogorientierte Serviceverfahren* von *hochschulstart.de*

Neben den medizinischen Studiengängen und Pharmazie ist *hochschulstart.de* an der Vergabe von derzeit rund 460 Studiengängen mit Orts-NC beteiligt: Hierbei kommt das sogenannte »Dialogorientierte Serviceverfahren« zum Einsatz.

Hinter dem *Dialogorientierten Serviceverfahren* steht eine gute Überlegung: Traditionell bricht zu jedem Wintersemester an den über 400 deutschen Hochschulen ein Bewerbungs-Chaos aus. Eine Reihe der geschätzten rund 500 000 Studienplatzbewerber reichen, um ihre Chancen auf einen Studienplatz zu verbessern, ihre Bewerbung bei mehr als einer Hochschule ein. Das erhöht ihre Chance auf einen Studienplatz erheblich, bringt aber für die Hochschulen sowie für Studienbewerber massive Probleme. Wer eine Zulassung von mehreren Hochschulen erhält, darf sich freuen, hat aber dann die Qual der Wahl und meistens nur einige Wochen Zeit, sich zu entscheiden. Obwohl jede/-r Studienbewerber/-in am Ende nur einen Studienplatz einnehmen kann, werden in der Zeit, bis jemand sich für die Hochschule entschieden hat, an allen Hochschulen, wo er oder sie ebenfalls eine Zulassung erhalten hat, die Plätze blockiert. Auf diese Plätze warten wiederum händeringend diejenigen, die noch keinen Studienplatz bekommen haben, und ihn dann möglicherweise erst kurz vor Semesterbeginn oder im Nachrückverfahren erhalten.

Das *Dialogorientierte Serviceverfahren* von *hochschulstart.de* sieht vor, dass jede/-r Bewerber/-in online bis zu zwölf Wünsche angeben kann. Die Hochschulen wählen dann nach ihren spezifischen Kriterien die Bewerber aus, die Ranglisten der Hochschulen werden mit den persönlichen Ranglisten der Bewerber abgeglichen, den Bewerbern wird über das Portal ein Studienplatzangebot gemacht, für oder gegen das sie sich wiederum online entscheiden können. Wird der Studienplatz angenommen, wird der Name sofort automatisch aus allen anderen Listen gestrichen, und der Bewerber blockiert keine weiteren Studienplätze mehr.

Hat man also herausgefunden, dass der gewünschte Studiengang unter Beteiligung des *Dialogorientierten Serviceverfahrens* vergeben wird, registriert man sich zuerst auf *www.hochschulstart.de/dosv* und erhält eine Bewerber-Identifikationsnummer (Bewerber-ID) und eine Bewerber-Authentifizierungs-Nummer (BAN). Mit diesen bewirbt man sich jetzt entweder über das Bewerbungsportal der jeweiligen Hochschule (sogenanntes dezentrales Verfahren) oder direkt für den Studiengang bei *hochschulstart.de/dosv* (sogenannte zentrale Bewerbung).

Die Zahl der unter Beteiligung des *Dialogorientierten Serviceverfahrens* vergebenen Studiengänge hat in den letzten Semestern stetig zugenommen. Wie weit der Ausbau gehen wird und ob dieses elektronische System zumindest für die derzeit in der Hochschulrektorenkonferenz organisierten 266 Hochschulen in Deutschland als Regelbewerbungsverfahren eingerichtet sein wird, ist offen.

Jeder, der sich für einen Studienplatz bewerben möchte, sollte deshalb vor der Bewerbung auf *www.hochschulstart.de/dosv* gehen und sich aktuell informieren, ob evtl. auch der Wunschstudiengang unter den hier vergebenen 460 Studiengängen zu finden ist.

Nachweis der besonderen Eignung – Studienplatzvergabe für Studiengänge im Bereich Kunst, Musik, Sport, Medien

Eine Studienplatzvergabe nach besonderer Eignungsprüfung betrifft Fächer, in denen man über eine Begabung verfügen muss, die sich nicht an den Abiturfächern ablesen lässt. Dabei handelt es sich um die Musik-, Kunst- und Sportstudiengänge sowie um die Studiengänge Journalistik/Publizistik bzw. weitere Medienstudiengänge, wie Medienwissenschaft oder Medientechnik oder -informatik.

Künstlerische Studiengänge

Die meisten Hochschulen haben für die Studienplätze in Freier oder Angewandter Kunst ein Auswahlverfahren in zwei Stufen. Sie fordern erst einmal eine Reihe künstlerischer Objekte, die von Professoren des Fachs begutachtet werden. In der Regel werden 20 bis 25 originale Arbeiten erwartet, die in einer Sammelmappe (maximale Größe etwa 1 m x 1,5 m) eingereicht werden. Größere Arbeiten, Plastiken und Objekte werden nur als Fotografien, nicht als Originale eingereicht. Video- und Audio-Medienkunstarbeiten sind in digitaler Form (z. B. auf CD oder DVD) vorzulegen.

Ist die Hürde »Mappe« geschafft, wird man zur eigentlichen Aufnahmeprüfung an die Hochschule eingeladen. Bei dieser Prüfung muss man seine allgemeine künstlerische Begabung sowie besondere Fähigkeiten und Kenntnisse im Hinblick auf das spätere Studienfach unter Beweis stellen. Die Studieninteressenten erwartet eine vier- bis fünfstündige praktische Prüfung, in der eine bildnerisch-gestalterische Arbeit angefertigt wird, und anschließend eine mündliche Prüfung von 15 bis 30 Minuten, die gestalterische Grundfragen und Probleme der malerischen, grafischen, plastischen/räumlichen Darstellung in Bezug auf den gewünschten Studiengang zum Inhalt hat.

Hat man auch diese Hürde genommen, erhält man direkt die Zulassung oder (selten) kommt auf eine Warteliste und kann dann nach einem Semester oder nach zwei Semestern mit dem Studium beginnen. **Wichtig ist, dass die erste Kontaktaufnahme mit infrage kommenden Hochschulen etwa anderthalb Jahre vor dem Abitur erfolgt.** Für die Anfertigung der künstlerischen Objekte kann man sich dann umgehend vom Kunstlehrer beraten lassen oder an der gewünschten Hochschule eine Mappen-Beratung in Anspruch nehmen.

Literaturempfehlung: Rita Carlsen, Annette Sommerfeld, *Mythos Mappe 2 – 50 Designstudenten präsentieren ihre erfolgreichen Bewerbungsmappen*, 2008; Renata Lajewski, *Mythos Mappe machen 2*, 2011.

Musikstudiengänge

Ein Musikstudium erfordert an allen Hochschulen, die dieses Studienfach anbieten, eine Prüfung, die eine entsprechende musikalische Grundbegabung einschließlich Grundkenntnisse der Musikgeschichte und – in unterschiedlicher Gewichtung je nach Studienfach – eine entsprechende Stimme, gutes Gehör, theoretische Kenntnisse und die Beherrschung eines Musikinstrumentes oder mehrerer Musikinstrumente nachweist. Auch hier sollten die Bewerbungsunterlagen mindestens ein Jahr vor dem Abitur von der Hochschul-Homepage heruntergeladen bzw. direkt angefordert werden, da man sich auf die Aufnahmeprüfung gründlich vorbereiten muss und die Auswahlverfahren sich über eine längere Zeit erstrecken. Häufig beginnen die Auswahlverfahren bereits Ende Januar für eine Studienaufnahme im kommenden Wintersemester.

Sportstudiengänge

Bei der Bewerbung für das Sportstudium muss man in Form einer Aufnahmeprüfung seine sportlichen Fähigkeiten in mehreren Sportarten (Mannschafts- und Individualsport) unter Beweis stellen. Bewerber mit breiter sportlicher Begabung haben normalerweise bessere Karten als Kandidaten, die in einer Sportart besonders ausgewiesen sind, aber in weiteren Sportarten eher mittelmäßig bis schlecht. Die Bewerbung erfolgt entweder an der Deutschen Sporthochschule Köln, der einzigen Sporthochschule in Deutschland, oder an allen Universitäten und Pädagogischen Hochschulen, die das Lehramtsfach Sport oder weitere Sportstudiengänge, die in eine Tätigkeit außerhalb der Schule führen, anbieten.

Bescheinigungen über bisherige sportliche Aktivitäten, wie etwa ein aktuelles Sportabzeichen, Nachweise über Vereinsmitgliedschaften, Übungsleiterscheine und Trainerlizenzen, sind in der Regel den Bewerbungsunterlagen beizufügen und sollten rechtzeitig bei den einschlägigen Einrichtungen erbeten werden.

Vielfach ist, bevor man an der Hochschule den praktischen Sport-Eignungstest ablegt, eine ärztliche Bescheinigung über die uneingeschränkte Sporttauglichkeit erforderlich. Diese Bescheinigung sollte nicht älter als ein halbes Jahr sein.

Wer Leistungsfach Sport am Gymnasium gewählt hatte, sollte darauf achten, ob Teile des Eignungstests an der Hochschule durch gute Schulleistungen (etwa in der praktischen Abiturprüfung) bereits als bestanden gelten und man von Teilprüfungen befreit ist.

In der Regel gibt es ein oder zwei Termine im Jahr, an denen die Hochschule Sport-Eignungstests (mit je einem Ersatztermin für Kranke oder Verletzte) anbietet.

Einbezogen in die Prüfung werden grundsätzlich Leistungen in Leichtathletik, Geräteturnen, Schwimmen, Mannschaftsspielen (etwa Basketball, Fußball, Handball, Hockey, Volleyball) und Rückschlagspielen (Badminton, Tennis, Tischtennis). Bei einigen Hochschulen kommt Gymnastik/Tanz hinzu; es gibt auch die Variante, dass man eine Prüfung in Gymnastik/Tanz durch eine Prüfung in einem 3. Spiel ersetzen kann.

Medienstudiengänge

Die Auswahl für Studiengänge wie Publizistik/Journalistik und weitere Medienstudiengänge ist wieder anders. Man muss nachweisen können, dass die entsprechenden sprachlichen Voraussetzungen vorhanden sind. Wir erläutern dies an einem Beispiel. Alle Bewerber/-innen erhalten folgende Aufgabe: Sie sollen eine noch lebende Person ausfindig machen, befragen und über sein oder ihr Leben einen dreiseitigen Artikel schreiben. Vorgabe ist, dass diese Person früher sehr berühmt war und heute nahezu unbekannt ist. Für die Bewältigung dieser Aufgabe hat man zehn Tage Zeit.

Mit einer solchen Aufgabe werden alle Fertigkeiten geprüft, die man später in einem journalistischen Beruf benötigt: Die Fähigkeit, (allgemein) verständlich zu schreiben und unter Zeitdruck (Erledigung innerhalb von eineinhalb Wochen) zu arbeiten, die Fähigkeit zur gründlichen Recherche (herausfinden, wer früher berühmt war und heute unbekannt) und Durchsetzungsvermögen (diese Person zu einem Interview zu bewegen).

Wichtig ist, dass alle diejenigen, die ein Studium innerhalb dieses letztgenannten Zulassungssystems direkt nach dem Abitur aufnehmen möchten, sich bereits ein Jahr bis anderthalb Jahre vor dem Studium mit den infrage kommenden Hochschulen in Verbindung setzen, da sich das gesamte Auswahlverfahren über einen längeren Zeitraum erstrecken kann.

Die Wahl des optimalen Studienortes

Wer nun anhand des »großen Studienwahltests« herausgefunden hat, welches Fach oder welche Fächer für das künftige Studium infrage kommen, muss sich natürlich auch überlegen, wo er oder sie studieren will. Denn fast alle Studienfächer werden von mehreren oder gar vielen Hochschulen angeboten.

Die erste Überlegung betrifft meist die Nähe des künftigen Studienortes zum Wohnort. Manch einer wohnt in einer Stadt, in der es eine Universität gibt oder, wie in Berlin und München, gleich mehrere Universitäten. Auch Fachhochschulen gibt es in sehr vielen Städten. Der Vorteil des wohnortnahen Studierens ist natürlich, dass man noch zu Hause wohnen und damit die nicht geringen monatlichen Mieten am Hochschulort vermeiden kann.

Die Wahl des künftigen Studienortes sollte aber nicht ausschließlich nach dem Kriterium der Nähe zum Wohnort erfolgen, sondern auch nach inhaltlichen, denn die meisten Studienfächer haben an den jeweiligen Hochschulen sehr unterschiedliche Schwerpunkte, Kombinationsmöglichkeiten und Studienbedingungen. Unter Letzteren versteht man die Anzahl der Studierenden, das Betreuungsverhältnis zwischen Studierenden und Lehrenden, die Anzahl von Prüfungsleistungen, die Ausstattung von Bibliotheken oder PC-Arbeitsplätzen u. Ä. Diese Bedingungen können nämlich im gleichen Studienfach an den verschiedenen Hochschulen sehr unterschiedlich sein.

Man sollte auch darauf achten, ob die Hochschule eine Campus-Anlage ist oder nicht. Campus-Anlage heißt, alle Räumlichkeiten befinden sich in einem geschlossenen Komplex einschließlich Bibliothek, Mensa und Studentenwohnheime. Hier sind kurze Wege die Regel. Viele Hochschulen sind mit ihren Einrichtungen über eine ganze Stadt verstreut, hier müssen längere An- und Abfahrtswege eingerechnet werden und häufiger Wechsel von Örtlichkeiten.

Die Überschaubarkeit ist ein ebenfalls wichtiges Kriterium. Es ist ein Unterschied, ob man Vorlesungen mit 200 bis 300 Mitstudierenden oder mit 40 bis 50 und Seminare mit 10 bis 15 oder mit 70 bis 80 Mitstudierenden besucht. Dies sollte man, wenn man sich Hochschulen vor Ort ansieht, beachten.

Und schließlich, wenn man in der Nähe des Wohnortes keine Hochschule hat und von zu Hause wegziehen muss, sollte man die Lebenshaltungskosten in den jeweiligen Städten mitberücksichtigen. Diese können gegenüber Durchschnittssätzen 50 Prozent teurer oder 50 Prozent günstiger sein. Am teuersten sind Städte wie München, Hamburg, Stuttgart, Frankfurt am Main oder Köln, am günstigsten kleine Universitätsstädte in den östlichen Bundesländern. Faustregel ist: Je größer eine Stadt und je höher der studentische Anteil an der Bevölkerung ist, umso teurer sind die Lebenshaltungskosten. Je kleiner eine Stadt und je geringer der Anteil der Studierenden an der Gesamtbevölkerungszahl ist, umso finanziell günstiger lebt man dort.

Da die meisten Studierenden neben dem Studium gelegentlich jobben, um finanziell über die Runden zu kommen, sollte man auch die Chancen auf einen studentischen Job bei der Ortswahl berücksichtigen. Hier gilt die folgende Regel: Je größer eine Hochschulstadt, desto mehr Studentenjobs sind verfügbar. Große Studierendenzahlen in einer Stadt bedeuten schlechtere, geringere Studierendenzahlen bedeuten bessere Job-Chancen.

Wo und wie informiere ich mich weiter?

Wer weiß, was er oder sie studieren will, die Testergebnisse noch einmal vertieft hat und anhand der Überlegungen im entsprechenden Kapitel nun in etwa informiert ist, wie man sich für den Wunschstudienplatz bewirbt, sollte sich jetzt vertraut machen mit den weiteren Informationsmöglichkeiten.

Das wichtigste Informationsmedium ist das Internet geworden. Jede Hochschule hat ihre eigene Homepage. Hier kann man detailliertere Informationen einholen über den angestrebten Studiengang einschließlich Studien- und Prüfungsordnungen, über Fächerkombinationen, Studienschwerpunkte und über die Bewerbung für den Studienplatz.

Wichtige fächerübergreifende Studienportale im Internet sind folgende:

www.studienwahl.de
Über dieses Portal und seinen Newsletter sind Informationen rund um das Studium in Deutschland erhältlich. Besonders wichtig ist die Datenbank der Studiengänge, mit der bundesweit nach Studiengängen, auch dualen oder international ausgerichteten, recherchiert werden kann. Der Pfad hierzu ist »STUDIEREN«, dann »FINDER«.

www.hochschulkompass.de
Es handelt sich hier um die Webseite der Hochschulrektorenkonferenz, dem Zusammenschluss der deutschen Hochschulen. Sie enthält viele wichtige Informationen zu rund 270 Mitgliedshochschulen. Sehr hilfreich ist auch hier die Datenbank der Studiengänge. Der Pfad hierzu ist »Studiengangssuche«, dann »Erweiterte Suche«.

Ein weiteres wichtiges Portal ist *www.studentenwerke.de,* wo man nach dem Angebot von 58 deutschen Studentenwerken recherchieren kann – wichtig für eine mögliche BAföG-Beratung oder wenn man Informationen einholen möchte über studentische Wohnheimplätze.

Zum BAföG selbst hat das Bundesministerium für Bildung und Forschung unter *www. bafög.de* eine Website eingerichtet, auf der aktuell über die neuesten Regelungen beim studentischen BAföG informiert wird. Auch Informationen zu weiteren Möglichkeiten der Studienfinanzierung, wie etwa Stipendien von Begabtenförderungswerken, sind dort recherchierbar.

Die Internetrecherche ist sehr wichtig, aber sie ersetzt in keinem Fall die persönliche Beratung und auch nicht die Vor-Ort-Begehung. Niemand sollte ernsthaft auf den Gedanken kommen, sich ausschließlich über das Internet den Studienplatz und die Hochschule auszusuchen. Denn wie es wirklich aussieht, kann man erst in Gesprächen und persönlichen Anschauungen vor Ort in Erfahrung bringen.

Die erste Anlaufstelle an einer jeden Hochschule ist die *Zentrale Studienberatung*, mancherorts *Allgemeine Studienberatung* genannt. Diese Studienberatung gibt einen Überblick über wichtige Fragen des Studiums an dieser Hochschule in Form von telefonischen Auskünften, schriftlichen Informationsmaterialien, aber auch persönlichen Beratungen und Gruppenveranstaltungen.

Die zweite wichtige Anlaufstelle an der Hochschule ist die Fachstudienberatung. Sie hat die Aufgabe, spezielle Fragen zu einem Fach oder zu einer Fächergruppe zu beantworten. Die Fachstudienberater, zumeist Hochschullehrer, können auch bei der Erstellung eines Studienplans und bei der Wahl von Lehrveranstaltungen beraten sowie über den Ablauf von Einzel- und Abschlussprüfungen informieren.

Auch seitens der bereits Studierenden wird Hilfe angeboten. Bei der studentischen Beratung unterscheidet man zwischen der Ebene des Faches (Fachschaften) und der Ebene der gesamten Studierendenschaft (Studentenparlament, Allgemeiner Studentenausschuss, abgekürzt ASTA). Die Studierenden, die ja vor dem Studium die gleichen Probleme mit Studienwahl, Bewerbung um den Studienplatz, Fächerkombinationen, aber auch mit dem Eingewöhnen in die neue Lebenssituation des Studiums hatten, sind gerne bereit, die künftigen Mitstudierenden mit Rat und Tat zu unterstützen. Sie organisieren außerdem Einführungsveranstaltungen oder solche zum Kennenlernen. Außerdem kann man bei der studentischen Beratung die eine oder andere vertiefende Information über die Studienbedingungen erhalten und auch manch wertvollen Tipp, wo es in einer neuen Stadt studentische Kneipen oder Treffpunkte gibt.

Ebenfalls sollte man die Einrichtungen des jeweiligen örtlichen Studentenwerkes kontaktieren, wenn man sich für einen Studentenwohnheimplatz bewerben möchte, wenn man ein Zimmer auf dem freien Wohnungsmarkt in der jeweiligen Stadt sucht oder wenn man sich über die Mensen und Cafeterien der Hochschule oder über kulturelle Veranstaltungen informieren möchte.

Wer sein Studium mit BAföG finanzieren möchte, erhält bei einer weiteren Einrichtung des Studentenwerkes, nämlich dem Amt für Ausbildungsförderung, auch BAföG-Amt genannt, Informationen, ob er oder sie Anspruch auf BAföG hat und wie man sich für den Fall eines Anspruches für diese Studienfinanzierung bewerben kann. Das Amt für Ausbildungsförderung hat normalerweise auch Informationen über Stipendien und über Studienkredite. Viele Hochschulen haben auch frauenspezifische Beratungen. An jeder Hochschule sind normalerweise Ansprechpartner für behinderte Studienbewerber/-innen vorhanden, die Fragen des behindertengerechten Studiums ebenso beantworten wie zu Behindertenwohnheimen oder zu behindertenspezifischen Sport- oder Freizeitaktivitäten.

An den meisten Hochschulen gibt es auch psychologische Beratungsstellen für Studierende mit studienbedingten psychischen Problemen, z. B. Prüfungsangst o. Ä.

Für ausländische Studienbewerber gelten besondere Bestimmungen für die Bewerbung und für die Zulassung zum Studium. Direkte Informations- und Beratungsstelle für ausländische Studienbewerber ist das Akademische Auslandsamt. Es informiert über Bewerbungen zum Studium, über die mögliche Anerkennung bereits erbrachter Studienleistungen im Heimatland, über Kosten und Finanzierung des Studiums, über Unterbringungsmöglichkeiten, über notwendige Deutschkenntnisse und Deutschprüfungen, aber auch über sehr wichtige Themen, wie Aufenthaltsgenehmigung oder Arbeitsgenehmigung für die Aufnahme von studentischen Jobs. Das Akademische Auslandsamt, dies sei nur am Rande erwähnt, das für deutsche Studienanfänger/-innen noch keine größere Relevanz hat, ist auch Ansprechpartner für Studierende, die planen, während des Studiums für eine bestimmte Zeit an eine ausländische Hochschule zu wechseln oder sich für ein Austauschprogramm mit einer ausländischen Partnerhochschule zu bewerben, und berät auch zur Finanzierung eines Studienaufenthaltes im Ausland.

Neben der Internetrecherche, den Beratungsmöglichkeiten an der Hochschule vor Ort und den spezifischen Anlaufstellen für bestimmte Gruppen oder Themen sind auch Studienführer oder Fachstudienführer sehr hilfreich. Die Internetrecherche, aber auch die Beratung vor Ort konzentrieren sich normalerweise auf das Studienfach an bestimmten Hochschulen. Wer aber etwa vergleichende Informationen zum gleichen Studiengang an verschiedenen Hochschulen haben möchte, sollte sich einen Fachstudienführer besorgen, der eben überwiegend über das Fach und über die verschiedenen Möglichkeiten an den einzelnen Hochschulen informiert.

Empfehlung für fächerübergreifende Studienführer:
Dr. Angela Verse-Herrmann, Dr. Dieter Herrmann, *Studieren, aber was? Die richtige Studienwahl für optimale Berufsperspektiven*, Stark Verlag;
Studien- und Berufswahl, hrsg. von den Ländern der Bundesrepublik Deutschland und der Bundesagentur für Arbeit (wird in der Oberstufe kostenlos in den Schulen verteilt).

Nachdem Sie nun auch wissen, wie Sie sich auf vielfältige Weise weiter informieren können, möchten wir Ihnen einen Fahrplan ins Studium vorstellen.

Der optimale Fahrplan ins Studium

Zu Beginn von 13/1 (oder von 12/1 bei Abitur nach 12 Jahren) im August/September	• Entscheidung über Studienfachwahl treffen. Bei Studiengängen Musik, Kunst oder Sport Auswahlverfahren auf der Hochschul-Homepage einsehen und mit der Vorbereitung beginnen.
März/April	• Studienberatung und Fachstudienberatung der Hochschulen aufsuchen • vor Ort umschauen • Gespräch mit Studierenden suchen
Mai	• Studienplan, Modulhandbuch bzw. Studien- und Prüfungsordnung auf der Hochschul-Homepage einsehen • Studienortswahl treffen
Bis 31. Mai oder 15. Juli	• Bewerbung bei der Hochschule oder bei *hochschulstart.de* (der früheren ZVS) • Bewerbung für einen Studentenwohnheimplatz
August/September	• Zulassungs- oder Ablehnungsbescheid

Anschließend	• sich mit den Örtlichkeiten vertraut machen • Einschreibung • Fachstudienberater aufsuchen • Vorlesungsverzeichnis auf der Hochschul-Homepage einsehen und Stundenplan erstellen • Einführungsveranstaltungen besuchen
1. September	• Studienbeginn an den Fachhochschulen
1. Oktober	• Studienbeginn an den Universitäten (Lehrveranstaltungen beginnen etwa zwei Wochen später). Manchmal gibt es Vorkurse vor Beginn der Lehrveranstaltungen.

Viele Studienfächer können auch im Sommersemester mit Beginn 1. März (FH) oder 1. April (Universitäten) begonnen werden. Dann verschiebt sich der Zeitplan jeweils um 6 Monate.

Weiterführende Literatur und Websites

- Dr. Angela Verse-Herrmann, Dr. Dieter Herrmann, *Erfolgreich bewerben an Hochschulen. So bekommen Sie Ihren Wunschstudienplatz*, 2014
- Dr. Angela Verse-Herrmann, Dr. Dieter Herrmann, *Studieren, aber was? Die richtige Studienwahl für optimale Berufsperspektiven*, 2014
- *Studien- und Berufswahl 2014/2015*, hrsg. von den Ländern der Bundesrepublik Deutschland und der Bundesagentur für Arbeit, 2014 (wird in der Stufe vor dem Abitur kostenlos in den Schulen verteilt)
- *www.studienwahl.de* (Internetportal von *Studien- und Berufswahl*. Besonders wichtig: Die Datenbank der Studiengänge, der »FINDER«. Mit dieser Datenbank kann auch nach dualen und internationalen Studiengängen recherchiert werden.)
- *www.hochschulkompass.de* (Website der Hochschulrektorenkonferenz, der Interessenvertretung der deutschen Hochschulen. Sie enthält ebenfalls eine Datenbank der Studiengänge: Pfad »Studiengangssuche«, dann »Erweiterte Suche«.)
- *www.ausbildungplus.de* (Datenbank und vielfältige Informationen zu dualen Studiengängen)
- *www.berufenet.arbeitsagentur.de* (gute Beschreibung von Lehrberufen und Berufsfachschulausbildungen)

Unsere **Leseempfehlungen**

Erfolgreich bewerben an Hochschulen

So bekommen Sie Ihren Wunschstudienplatz

■ ***Dr. Angela Verse-Herrmann / Dr. Dieter Herrmann***

Die vollständig überarbeitete und aktualisierte Ausgabe dieses Ratgebers ermöglicht eine optimale Vorbereitung auf die Bewerbung um den gewünschten Studienplatz.

- Bewerbung für Medizin- und Pharmaziestudienplätze
- Schriftliche Bewerbungsunterlagen mit Motivationsschreiben
- Eignungs- und Studierfähigkeitstests
- Auswahlgespräche
- Auswahlverfahren für Kunst, Musik, Sport und Medien
- Bewerbung um den Master-Studienplatz
- Tipps von Hochschullehrerinnen und -lehrern für Bewerber/-innen

158 Seiten, 16,2 x 22,9 cm, Broschur
Best.-Nr. E10491
€ 17,95 (D) / € 18,50 (A)
ISBN 978-3-86668-986-2

Hesse/Schrader Training für Praktikanten, Volontäre und Trainees

Mit der optimalen Bewerbung zum erfolgreichen Berufseinstieg

■ ***Hesse / Schrader***

Praktikumsplätze bei bekannten Unternehmen, Trainee-Stellen und Volontariate sind heiß begehrt. Nur durch eine überzeugende Bewerbung gelingt es, im Vergleich zu anderen Bewerbern positiv aufzufallen. Hesse/Schrader zeigen anhand gelungener Beispiele, auf welche wichtigen Botschaften und kleinen Feinheiten man bei seinen Unterlagen unbedingt achten muss. Außerdem:

- Tipps zur erfolgreichen Stellensuche
- Von der ersten Kontaktaufnahme bis zum Vorstellungsgespräch und dem späteren Arbeitszeugnis: alle wichtigen Infos
- Hinweise zu Rechten und Pflichten als Praktikant, Trainee oder Volontär

130 Seiten, 21 x 30 cm, Broschur, mit CD-ROM
Best.-Nr. E10037
€ 17,95 (D) / € 18,50 (A)
ISBN 978-3-86668-591-8

24-BK-R17

Bestellungen bitte direkt an:
STARK Verlag · Postfach 1852 · D-85318 Freising
Tel. 0180 3 179000* · Fax 0811 6000499-163 · www.berufundkarriere.de · info@berufundkarriere.de

*9 Cent pro Min. aus dem deutschen Festnetz, Mobilfunk bis 42 Cent pro Min. Aus dem Mobilfunknetz wählen Sie die Festnetznummer 08167 9573-0